JOSEPH DUPLESSIS

ou

LE FUTUR MISSIONNAIRE EN CAFRERIE

PROPRIÉTÉ DES ÉDITEURS

Joseph Duplessis et moi nous précédions à cheval, et à une petite distance, notre chariot.

JOSEPH DUPLESSIS

ou

LE FUTUR MISSIONNAIRE EN CAFRERIE

SOUVENIRS D'UN VOYAGE

DANS LA COLONIE DU CAP DE BONNE-ESPÉRANCE

DANS LE PAYS

des Hottentots, des Boschesmans et des Cafres

PAR ÉDOUARD DESFORÊTS

AUTEUR D'UN VOYAGE DANS L'INDE ANGLAISE

PUBLIÉ

PAR J.-J.-E. ROY

TOURS

A^d MAME ET Cie, IMPRIMEURS-LIBRAIRES

M DCCC LXI

JOSEPH DUPLESSIS

ou

LE FUTUR MISSIONNAIRE EN CAFRERIE

CHAPITRE I

Arrivée en vue du cap de Bonne-Espérance. — Aspect des montagnes de la Table et du Lion. — Un ouragan à l'entrée de la baie. — Débarquement. — Aspect de la ville du Cap. — Description générale de cette ville, maisons, rues, places, monuments publics, etc. — Population. — Péninsule du Cap. — Climat, saisons, température.

Vers cinq heures de l'après-midi du 5 novembre 184..., les matelots en vigie sur notre petit bâtiment crièrent joyeusement: « Terre! terre! » A cette exclamation qui me fit tressaillir de joie, je m'élançai de ma cabine, et, rencontrant le capitaine attiré par le même cri, nous montâmes ensemble sur le pont. J'eus beau fixer mes regards à l'horizon, je ne pus distinguer, même à l'aide d'une bonne lunette, qu'un petit nuage blanc immobile dans la direction du sud-est. Le capitaine ne se méprit pas sur l'aspect singulier de ce nuage qui s'arrête sur la montagne de la Table lorsque souffle un vent frais du sud-est, et déclara que la terre qui surgissait alors devant nous était celle du cap de Bonne-Espérance; nous en étions, il est vrai, éloignés encore de cent à cent vingt kilomètres; mais une brise favorable nous poussait à travers les flots écumeux. « Allons, m'écriai-je tout joyeux, demain soir, il faut l'espérer, nous jetterons l'ancre dans la baie du Cap; qu'en penses-tu, mon vieux loup de mer? dis-je en m'adressant au contre-maître André le Malouin, qui se trouvait à côté de moi.

— N'y a pas de soin, not' bourgeois, répondit-il; mais il y a peut-être quéque chose de plus sûr. Voyez-vous, not' bourgeois, *quand la nappe est sur la table* (1), c'est un vilain régal qui se prépare pour les matelots.

---

(1) Quand on voit une nuée blanche suspendue au sommet de la montagne de la Table, c'est un signe précurseur de ces terribles

— Quoi! que veux-tu dire?

— Je veux dire qu'au lieu de mouiller demain dans la rade du Cap, c'est peut-être pas de huit jours que nous pourrons y entrer.

— Est-ce vrai, capitaine?

— C'est possible; dans tous les cas nous veillerons au grain. »

Je passai le reste du jour dans la plus vive attente du lendemain. L'aurore me retrouva sur le pont, pour saisir la première apparition de cette terre si ardemment souhaitée. Mais au lever de l'aurore rien ne fut visible qu'un épais brouillard qui obscurcissait l'atmosphère, et que le soleil ne put dissiper avant d'avoir atteint une certaine hauteur; alors je découvris peu à peu dans le lointain une chaîne de montagnes bleuâtres, à l'extrémité septentrionale de laquelle la montagne de la Table et le promontoire du Lion étaient aisés à reconnaître d'après leur conformation particulière.

A mesure que nous approchions davantage de

ouragans qui se font sentir au Cap. Lorsque les matelots aperçoivent cette nuée, ils disent, comme en proverbe : « La table est couverte, » ou « la nappe est sur la table, » et ils se préparent à un rude travail.

la côte, ces montagnes déployaient une grandeur plus imposante qui faisait ressortir la petitesse des œuvres de l'homme. En effet, les divers édifices que du sein de la mer on devinait sur le continent n'y apparaissaient que comme des taches blanches, trop exiguës pour ajouter à la scène aucun attrait, trop insignifiantes pour augmenter ou diminuer en rien la magnificence de la nature. Bientôt nous eûmes laissé derrière nous les eaux bleues et profondes de l'Océan, et, abrités par la terre, nous voguâmes sur la surface tranquille d'ondes verdâtres, du milieu desquelles les veaux marins sortaient parfois leurs têtes humides pour nous voir passer. Cependant des bouffées qui se contrariaient de temps à autre ralentissaient notre marche, et mettaient à l'épreuve la patience des marins. J'entendais à chaque instant la voix enrouée de maître André, qui leur criait pour les encourager : « As pas peur, enfant, avec le temps et de la patience nous arriverons quand même. » Quant à moi, la nouveauté du spectacle et les objets intéressants qui se déroulaient sous mes yeux absorbaient toute mon attention.

Nous continuâmes jusqu'au soir, non sans difficultés, non sans être contraints d'employer les habiles manœuvres de la science nautique, à nous diriger vers la baie de la Table, où nous espérions jeter l'ancre dans le cours de la nuit; mais, comme nous approchions déjà de la Pointe-Verte qui forme l'entrée de cette baie, une bourrasque furieuse et inattendue assaillit notre navire, et ce fut vainement que pendant une heure entière nous tentâmes d'y pénétrer; il nous fallut revenir chercher un abri sous la montagne du Lion. Le lendemain matin nous fîmes une seconde tentative, mais nous fûmes repoussés par un vent encore plus impétueux que la veille. Nous restâmes la journée entière et aussi la suivante à louvoyer le long des côtes. Plusieurs fois, durant cet intervalle, nous en approchâmes à si faible distance, que nous pûmes, avec des lorgnettes, y distinguer des habitants qui travaillaient et des tourbillons de poussière que soulevait l'ouragan. Ces côtes, en de certains endroits, paraissaient être d'une belle couleur pourpre, en d'autres d'une belle couleur jaune, ce qui provenait sans doute de l'abondance des fleurs. Un spectacle attrayant, après un long et ennuyeux voyage, m'inspirait presque le désir de tenter à tout prix le débarquement; mais le ressac, qui bordait tout le rivage d'une ligne d'écume blanchâtre, démontrait d'une manière évidente le péril et même l'impossibilité d'une pareille tentative. Je me contentai donc, faisant de nécessité vertu, d'explorer avec mon télescope cette partie du continent africain, qui, dans la position où nous étions (la même sans doute que celle où, pour la première fois, elle fut observée), ressemble assez à un lion couché, la tête relevée comme s'il guettait sa proie, pour justifier le nom que la montagne a reçu. En effet, ses pattes de devant sont étendues et forment la pointe méridionale de la baie du Cap, tandis que sa queue est fort bien représentée par la terre plate de la Pointe-Verte.

Le 6 et le 7, la tempête qui, loin de se calmer, augmenta encore de violence, nous éloigna beaucoup de terre; et ce fut seulement dans l'après-midi du 10 que nous pûmes de nouveau faire voile vers le but auquel nous voulions atteindre. Nous naviguâmes donc une seconde fois vers le cap de Bonne-Espérance sans cesser d'avoir des vents variables, tour à tour bons et mauvais; mais le 12 et le 13, le temps devint tout à fait beau, et le vent non moins favorable; aussi le 14, un peu avant huit heures du matin, poussés par une légère brise de l'ouest, nous revîmes le fameux Cap, et chacun de nous remarqua avec joie que le nuage avait quitté la montagne de la Table. Comme j'avais appris par expérience à connaître la nature de ce nuage, grande fut ma satisfaction de distinguer le contour véritable de la montagne, dont le sommet large, aplati et horizontal, se présentait cette fois sans être enveloppé de brouillards ni de vapeurs. Cependant nous n'approchions que lentement de la terre, et je tremblais à chaque instant que quelque nouvelle bourrasque ne vînt encore nous rejeter en haute mer. Je fis part de mes craintes à André. « Oh! pour cette fois, me répondit-il avec assurance, n'y a pas de soin! La Table est découverte, et nous sommes sûrs de ne pas recevoir un accueil aussi brutal que celui qu'on nous a fait il y a dix jours. »

Effectivement, le lendemain 15, à trois heures de l'après-midi, nous atteignîmes le promontoire du Lion; et quand nous eûmes doublé la Pointe-Verte, plusieurs des édifices de la ville du Cap, entre autres la jetée et le château, s'offrirent à nos regards. Dépassant ensuite les batteries de Charonne et d'Amsterdam, nous découvrîmes en son entier la ville elle-même, adossée à la montagne de la Table, qui s'élève derrière elle comme une immense muraille. Enfin nous jetâmes l'ancre; cependant ce ne fut qu'à six heures du soir que la chaloupe fut prête à quitter le navire. En dix minutes elle atteignit le rivage, et pour la seconde fois je mis le pied sur la terre d'Afrique, mais à l'autre extrémité et à six mille quatre cents kilomètres au moins du point où j'avais abordé la première fois cette partie du monde.

Rien de plus agréable, rien de plus pittoresque assurément que l'aspect de la ville du Cap, qui du bord de la mer s'étend à travers la vallée jusqu'aux montagnes dont elle est environnée de toutes parts; toutes ses rues, se coupant à angles droits, courent, ou dans la direction nord-ouest, parallèlement au rivage, ou dans la direction sud-ouest, du rivage vers la montagne de la Table. Ces rues, quoique non pavées, sont toujours tenues en très-bon état, et reçoivent un agréable ombrage et une douce fraîcheur des beaux arbres qui de distance en distance y sont plantés à droite et à gauche. Les maisons, bâties en briques et revêtues d'une couche de ciment, ont d'ordinaire la façade embellie de corniches et de divers ornements d'architecture, souvent même de gracieuses figures en relief. Devant chaque maison, et de la même longueur, est une plate-forme élevée d'un mètre ou d'un mètre et demi au-dessus du niveau de la rue, et formant une allée d'environ trois mètres de large. On monte à cette plate-forme par un escalier de quelques marches, et habituellement il y a un banc à chacune de ses extrémités. Cette espèce de petite terrasse s'appelle le *pas,* et les habitants de la maison ont coutume de venir le soir, quelquefois même le jour, s'y asseoir ou s'y promener, soit pour prendre l'air, soit pour causer avec leurs amis et connaissances qui passent. Les toits sont presque plats et horizontaux, n'ayant que le degré d'inclinaison strictement nécessaire pour l'écoulement des pluies; ils forment une terrasse où l'on marche facilement, et sont faits de fortes poutres qui se prolongent d'un mur à l'autre, sur lesquelles sont posées des planches épaisses destinées à recevoir elles-mêmes un épais lit de briques qu'on recouvre ensuite de ciment. Le bois le plus en usage pour les constructions est celui que les habitants nomment *stink-hout* ou bois puant (*laurus bullata*), bois très-beau qui, pour la couleur et la qualité, ressemble à l'acajou; il sert aussi à confectionner des parquets, des chaises, des tables et différents autres meubles; on donne cependant la préférence à ceux qui viennent d'Europe, et l'on n'en voit guère que de ce genre dans les demeures des riches. On emploie aussi aux mêmes usages un autre bois appelé *geel-hout* ou bois jaune (espèce de *podocarpus*), qui ressemble au sapin; seulement il n'est pas résineux.

En raison de la douceur du climat, les maisons n'ont pas de cheminées, si ce n'est dans la cuisine; au lieu de plafonds, on voit les planchers et les poutres, ce qui ôte aux appartements tout air d'élégance, et les fait paraître inachevés. Mais l'étendue et la hauteur des pièces, outre qu'elles leur donnent un certain aspect de grandeur, entretiennent une température fraîche pendant l'été. Au reste, l'intérieur des maisons, même des pauvres, est toujours propre et soigné.

Il est à remarquer qu'une des plus belles positions de la ville, cette partie de la côte d'où l'œil embrasse toute l'étendue de la baie, n'est occupée que par des constructions de l'espèce la plus humble, lorsqu'on aurait pu y élever de grands et nobles édifices, dont l'aspect, frappant tout d'abord les regards de l'étranger à son entrée dans la baie, lui auraient inspiré une idée favorable de la ville dont il allait faire la connaissance.

La ville du Cap renferme un grand nombre de temples ou d'oratoires, qui indiquent par leur architecture, ou du moins par quelques signes extérieurs, le culte auquel ils sont consacrés. Les deux plus grands sont le temple calviniste, servant aussi aux anglicans, et le temple luthérien. Les Malais ont également un édifice consacré au culte mahométan ; mais leur mosquée n'est autre chose qu'une simple maison bourgeoise dont ils ont changé la destination. Depuis quelques années seulement on remarque un petit édifice, véritable chef-d'œuvre d'architecture gothique, surmonté d'une croix : c'est l'église catholique élevée par la générosité des fidèles du pays, aidée par l'association de la Propagation de la Foi.

Le palais du gouverneur de la colonie est situé dans la ville au milieu d'un parc ou jardin de plusieurs acres d'étendue, dont la presque totalité est plantée de beaux chênes, formant de larges allées qui se coupent à angles droits. Ce jardin, qui offre pendant la chaleur du jour une promenade délicieuse, est en tout temps et à toute heure ouvert au public.

Au nombre des édifices les plus remarquables, je citerai le *Stadhuis* ou Hôtel de ville, vaste et beau bâtiment situé au centre de la ville, et du côté de la place appelée *Groente-Plein*, où se tient chaque jour le marché aux fruits et aux légumes. Une forteresse appelée le Château s'élève au sud-est de la ville; elle domine la jetée où se fait le débarquement, une partie de la baie de la Table, et la seule route qui de la ville conduise dans l'intérieur du pays. Au nord-ouest du Château s'étend une grande place oblongue, nommée *la Parade* ou place d'Armes; elle est entourée d'une allée d'arbres touffus, et d'un mur avec fossé. Auprès de la Parade est bâtie la caserne de cavalerie, et entre celle-ci et le Château s'élèvent les bâtiments de la douane. A l'entrée du jardin du gouvernement, on aperçoit un bel édifice, achevé en 1815; il renferme la cour de justice, les bureaux du secrétaire colonial, etc. Le théâtre est situé au nord de la ville, sur une place nommée *Boer-Plein* ou place du Fermier; mais on y joue rarement, faute de troupe; seulement on y donne de temps en temps des concerts. J'allais oublier un des plus beaux édifices de la ville, celui qui caractérise une cité commerçante, la Bourse, bâtie sur la place d'Armes, et qui en fait un des plus beaux ornements. Enfin, pour ne rien omettre, je mentionnerai la bibliothèque, le jardin botanique, un bon collége, plusieurs écoles élémentaires, et en dehors de la ville un hôpital dont les bâtiments magnifiques peuvent recevoir six cents malades.

La ville du Cap compte environ vingt mille habitants; mais cette population, comme dans le reste de la colonie, se compose d'individus d'origines très-différentes. Cette ville, fondée en 1652, fut d'abord peuplée de mauvais sujets exilés de Hollande, de soldats qui avaient obtenu leur congé, de matelots qui, ayant gagné quelque chose à Batavia, avaient pu se dégager du service. Lors de la révocation de l'édit de Nantes, une foule de protestants bannis de France, qui avaient trouvé l'hospitalité en Hollande, allèrent s'établir au Cap; ils peuplèrent même un petit canton nommé le Coin-Français (*Fransche-Hoek*), que leurs descendants habitent encore; mais ils n'ont conservé que leurs noms français défigurés; notre langue y est presque oubliée, et ils ont pris la langue et les usages des Hollandais. Aujourd'hui on trouve au Cap des Anglais et des Hollandais à côté des Malais, des Hottentots, des Malgaches et des Mozambiquois. Les Hollandais sont, en général, de riches propriétaires et agronomes, tandis que les Anglais sont négociants ou militaires. Dans la classe inférieure, les Malais forment la majorité. Cette race d'hommes est supérieure en intelligence et en activité aux Hottentots. Aussi les préfère-t-on de beaucoup comme domestiques; presque tous savent un métier, et leurs femmes sont couturières, cuisinières, nourrices ou servantes. Il n'y a pas de meilleurs cochers que les Malais; on les voit souvent dans la ville, debout dans un chariot, et menant au grand trot un attelage de six chevaux sans le moindre embarras. Beaucoup de Malais, descendants d'esclaves affranchis, ont des boutiques et des ateliers; plusieurs amassent un capital considérable. Les Malais sont, en général, fidèles, honnêtes et industrieux; mais ils sont irascibles à tel point que la plus légère provocation les jette quelquefois dans des accès de frénésie, pendant lesquels il serait dangereux de les approcher.

Au rebours des Malais, les Hottentots, qui sont

au service des habitants, ne parviennent jamais à la moindre aisance. Du reste, ils préfèrent la vie pastorale, et se mettent rarement au service des bourgeois; aussi en voit-on peu en ville. Les noirs de Mozambique et de Madagascar sont aussi de bons serviteurs, et on les emploie aux travaux les plus rudes; ils se distinguent des Malais par leur teint noir, leur chevelure laineuse et leur physionomie de nègre. Longtemps après l'abolition de la traite, des esclaves de cette race ont été introduits de temps en temps dans la colonie par suite de la capture des vaisseaux qui continuent à faire ce genre infâme de commerce, et qui pour ce motif sont condamnés comme prises légales. Les noirs trouvés sur les navires saisis sont assignés par le gouvernement à différents maîtres pour un temps limité (quatorze ans), qui leur sert en quelque sorte d'apprentissage. Ce temps écoulé, ces noirs doivent être libres.

Ce qu'on appelle la péninsule du Cap comprend Cape-Town (la ville du Cap), Camp's-Bay, Hout-Bay et Simon's-Town, petite ville située au bord de False-Bay; c'est une chaîne irrégulière de montagnes qui commence à celle du Lion et se termine à la pointe du Cap proprement dit, le

Cap des Tourmentes (*Cabo Tormentoso* de B. Diaz). Cette péninsule jouit d'un climat non-seulement agréable, mais aussi très-salubre. Située dans l'hémisphère méridional, par le trente-cinquième degré de latitude sud, les saisons y sont l'inverse de celles de l'Europe; décembre et janvier sont les mois les plus chauds, juin et juillet les plus froids. Comme le soleil à midi est toujours au nord, il s'ensuit que le côté septentrional des montagnes est beaucoup plus chaud et plus sec que le côté méridional, tandis que le côté opposé offre une belle verdure et une vigoureuse végétation. L'aspect de la voûte étoilée ne se présente plus ici aux yeux de la même manière qu'en Europe; la plupart des constellations s'y montrent dans une position inverse; d'autres, telles que les constellations de la grande et de la petite Ourse, n'y sont pas visibles; en revanche on y voit des étoiles et des constellations remarquablement belles, entre autres la Croix du sud, invisible aux Européens.

L'hiver et le printemps sont les deux plus délicieuses saisons de l'année; comme l'été et l'automne, dans la contrée qui longe la côte, sont constamment secs, il en résulte que la verdure disparaît presque pendant six mois. Dans les districts éloignés de la mer la saison humide commence en plein été, et alors la pluie, qui fort souvent est accompagnée de tonnerre et d'éclairs, tombe par torrents. La ville du Cap est en outre sujette à des vents impétueux, et la poussière des rues devient, en pareille circonstance, extrêmement désagréable. Le froid et la chaleur varient suivant les différentes parties de la contrée. Au Cap il est rare que le thermomètre centigrade s'élève à plus de trente-huit degrés, et qu'il s'abaisse jamais à plus de huit ou neuf au-dessus de zéro. On rencontre quelquefois cependant de la glace sur la cime de la montagne de la Table, et chaque année, pendant quelques jours, on voit les sommets des montagnes du Stellenbosch et de la Hottentotie hollandaise couverts de neige. Coudeveld, plateau des montagnes neigeuses, passe pour le pays le plus froid de toute la colonie. La neige y tombe souvent à la hauteur de trente-trois centimètres, et séjourne deux à trois jours.

La plupart de nos maladies sont inconnues au Cap; la petite vérole n'y règne que quand elle est apportée par des étrangers; mais alors elle fait de terribles ravages. Lorsqu'elle vient à se manifester, chacun court se réfugier dans les montagnes, et la ville du Cap est déserte. Les maladies les plus ordinaires sont la consomption, l'hydropisie et l'apoplexie; et ce n'est pas tant au climat qu'il faut les attribuer qu'à l'imprudence ou à l'intempérance.

CHAPITRE II

Division territoriale de la colonie. — Mon séjour dans la ville du Cap. — Le R. P. Van der Brooken. — Ascension à la montagne de la Table. — Variété dans la population des habitants du Cap. — Jardin du palais du gouverneur. — La promenade du dimanche. — Une course de chevaux au Cap. — Un concert.

La colonie du Cap a aujourd'hui une étendue plus considérable que celle de la Grande-Bretagne ; sa population est d'environ trois cent mille habitants, dont quatre-vingt mille blancs ou nègres libres. Elle se divise en districts, dont la circonscription et le nombre sont modifiés, pour ainsi dire, chaque année par suite de l'accroissement de la population, ou de l'annexion de nouveaux territoires à la colonie. Autrefois, sous la domination hollandaise, la colonie était divisée en quatre districts : la péninsule du Cap, Stellenbosch, Draakenstein et Waveren. Mais les Anglais ayant de beaucoup reculé les limites des anciennes possessions, le nombre des districts fut d'abord porté à sept, puis à onze ; aujourd'hui il est de quatorze, sans compter le district Victoria, dans la Terre de Natal. Ces quatorze districts sont : 1° la péninsule du Cap ; 2° Stellenbosch ; 3° Caledon ; 4° Tulbagh ; 5° Clauwilliam ; 6° Zwellendam ; 7° Georges ; 8° Vitenhage ; 9° Graaf-Reynet ; 10° Albany ; 11° Tarka ; 12° Somerset ; 13° Cradock ; 14° Beaufort. Le district du Cap est le moins étendu, mais il est le plus peuplé. Il a cent quatre-vingts kilomètres de longueur sur quarante de largeur.

Les montagnes à l'est du Cap forment un district populeux qui tire son nom de son chef-lieu, la petite ville de Stellenbosch (bois de Stell), située à huit kilomètres environ de la ville du Cap. La partie méridionale de ce district a conservé le nom de Hollande-Hottentote ; elle est baignée par la mer. C'est un des plus riches cantons de la colonie, et le plus fertile en blé et en vins. Je remets ailleurs à en parler plus en détail, ainsi que des autres districts que j'aurai occasion de visiter.

Chaque district est administré par un magistrat appelé *drost* ou *landdrost*. Il est divisé en deux ou plusieurs sous-districts, dont chacun a pour préposé un *veldcornet*. Ces magistratures, comme leur nom l'indique, sont d'origine hollandaise, les Anglais n'ayant apporté que de légères modifications au régime qu'ils trouvèrent établi à leur arrivée dans la colonie.

J'aurais voulu ne rester que le moins de temps possible dans la ville du Cap; car ce n'était pas pour visiter une ville, qui, bien qu'offrant une physionomie toute particulière, n'en était pas moins une ville européenne, que j'avais entrepris ce long voyage. Mon but était de parcourir les régions intérieures de l'Afrique méridionale les moins explorées; mais, avant d'entreprendre un tel voyage, je reconnus que j'avais besoin de m'y préparer par une étude plus complète que celle que j'avais déjà faite de la langue hollandaise, surtout de sa prononciation, par rapport non-seulement au dialecte du Cap, mais encore à celui plus corrompu des Hottentots. Je ne pouvais pas non plus entreprendre seul une pareille excursion; j'avais besoin de compagnons de voyage et de domestiques sur qui je pusse compter, et tout cela ne pouvait se trouver en un jour. Il me fallut donc prolonger de plusieurs mois mon séjour au Cap, et employer ce temps de la manière la plus utile à mes projets futurs.

J'eus le bonheur de rencontrer, dès les premiers temps de mon arrivée, un homme qui m'a été d'un grand secours, sous tous les rapports, et notamment en ce qui concernait mon entreprise. C'était le père Van der Brooken, prêtre catholique hollandais, qui avait parcouru comme missionnaire une partie de la Hottentotie et du pays des Cafres. Non-seulement il me donna d'utiles leçons sur le langage de ces peuples, mais il me fournit aussi de précieux renseignements sur les contrées et les nations que je rencontrerais au delà des limites de la colonie.

J'employai en outre une grande partie du temps que je passai à Capetown à faire différentes excursions dans le voisinage de la ville.

Une des premières, et sans contredit une des plus intéressantes, fut celle où je montai au sommet de la montagne de la Table. J'avais pour compagnons M. Van der Brooken et un de ses amis. Comme l'instant où le soleil se lève passe pour être celui où le coup d'œil est le plus admirable du haut de cette montagne, nous partîmes à trois heures du matin, afin de jouir de cette vue dans sa plus grande beauté. La seule lumière des étoiles nous guida pour sortir de la ville, car elle n'était pas encore alors régulièrement éclairée, ni au gaz ni même par des réverbères. Elle était plongée dans un profond silence, que troublait seul le bruit de nos pas. Depuis la sortie de Capetown, le sol s'élève graduellement jusqu'au pied de la montagne; sur la route on rencontre, de distance en distance, des maisons de campagne; elles étaient tout aussi silencieuses que celles de la ville; seulement l'aboiement des chiens, qui se répondaient de l'un à l'autre à mesure que nous passions dans le voisinage, annonçait qu'elles étaient habitées.

A peine eûmes-nous dépassé la dernière de ces habitations, située un peu au-dessous du pied de la montagne, que les premières lueurs de l'aurore nous permirent d'entrevoir l'imposante agglomération de rochers que nous allions gravir. La surface m'en paraissait si unie et si perpendiculaire, que je n'imaginais pas trop comment il nous serait possible d'en atteindre la cime. Bientôt cependant mes compagnons me montrèrent un ravin, qui devait rendre notre ascension, sinon facile, du moins praticable. Nous le gravîmes donc, mais lentement et avec une peine sans cesse croissante, car il devenait de plus en plus roide à mesure que nous avancions. J'allais oublier de dire que dans ce ravin, comme si son escarpement ne suffisait pas, coulait un filet d'eau presque imperceptible, à la vérité, et pourtant encore assez considérable pour le rendre fort glissant, et pour que nous fussions exposés, si le pied nous manquait, à redescendre en quelques minutes au point d'où nous-étions partis. Enfin, lorsque le soleil, se levant de derrière les montagnes de la Hollande-Hottentote, nous inonda de ses rayons, nous n'avions encore parcouru que la moitié de notre pénible route. Nous fîmes en ce moment une courte halte, tant pour reprendre haleine que pour admirer le sublime spectacle qui se développa sous nos yeux.

Alors, en effet, l'énorme masse de rocs perpendiculaires qui s'élevait au-dessus de nos têtes, couverte des flots de lumière pourpre que lui versait horizontalement l'astre du jour, nous apparut dans toute sa hauteur, ou plutôt sembla nous y apparaître, car différentes parties de la montagne étaient trop saillantes pour que nous pussions la voir aussi élevée qu'elle l'était réellement.

La montagne du Diable, qui pendant ce temps-là s'était peu à peu montrée tout près de nous à notre gauche, fait partie de la montagne de la Table, dont elle ne se sépare que vers le faîte, et n'a guère moins d'élévation. Elle sembla, lorsque nous reprîmes notre marche, nous accompagner, et, pour ainsi dire, monter avec nous. Au contraire, le promontoire du Lion parut s'abaisser à mesure que nous dépassâmes davantage le niveau de son sommet. Quand il nous arrivait de tourner la tête, nous distinguions au nord et à l'est des montagnes soit isolées, soit réunies en chaînes, qui surgissaient lentement les unes derrière les autres, jusqu'à ce que celles de la Hollande-Hottentote, non moins larges que longues, vinssent borner l'horizon avec leurs cimes bleues et vagues, plus hautes sur certains points que celle même de la Table. Le sentier que nous suivions offrait de part et d'autre une variété infinie de broussailles et de plantes, qui poussaient la plupart dans le roc nu. Vers le sommet, il devint tellement roide, que nous eûmes à gravir un angle de trente-cinq, de quarante et même de quarante-cinq degrés. Enfin, à force de courage et de persévérance, nous arrivâmes, vers sept heures un quart, au but que nous avions résolu d'atteindre.

Quoiqu'on puisse dire, dans un sens général, que le faîte de cette montagne est uni et plat, il s'en faut de beaucoup cependant qu'il le soit autant qu'il le paraît lorsqu'on ne l'examine que d'en bas. La surface, en effet, présente une foule d'aspérités qui ressemblent assez à des morceaux de cornes d'élan. Elle est d'ailleurs couverte de végétation, et nous y trouvâmes plusieurs petites mares dans des endroits creux. La hauteur de la montagne de la Table au-dessus du niveau de l'Océan, d'après les calculs les plus rigoureux, est de onze cent soixante-trois mètres. La montagne du Diable (appelée aussi montagne du Vent) est de soixante-quatre mètres plus basse que celle de la Table.

Comme on l'imagine sans aucun doute, du plateau auquel nous parvînmes la vue est immense, puisqu'on a calculé que l'œil pouvait parcourir jusqu'à quatre-vingt-seize kilomètres de distance, et qu'une montagne de même hauteur serait visible, même éloignée de cent quatre-vingt-douze kilomètres. Cette vue, au reste, peut plus facilement s'imaginer que se décrire; son étendue même ne permet pas de distinguer avec précision tous les détails de l'immense panorama qui se déroule devant les yeux; aussi je me contenterai d'en indiquer les points les plus saillants. D'abord on n'apercevait du sud-est au sud et à l'ouest que la montagne elle-même; puis, commençant à l'ouest vers notre gauche, on découvrait une vaste étendue de l'Océan; et plus près, sur le même plan, mais beaucoup au-dessous de nous, apparaissait le promontoire du Lion. Au loin, en mer, se montrait l'île Dassen; et au delà, en prolongeant le regard en avant vers la droite, nous pouvions distinguer faiblement au milieu de la vapeur cette partie occidentale d'Afrique qui avoisine la baie de Saldanha. Moins éloignée, et plus à droite, était l'île Robben; tandis qu'au nord-est, du côté opposé à la baie de la Table, et à distance, le Capocberg ou mont du Coton, le Koeberg ou mont de la Vache, le Dassenberg, le Contreberg, le Blaauwberg ou mont Bleu, le Tygevberg ou mont du Tigre, et par derrière, la grande chaîne depuis Roodezand jusqu'au passage de la Hollande-Hottentote, étaient tous visibles. Sur les bords, du côté de la baie le plus rapproché de nous, et, pour ainsi dire, sous nos pieds, de manière à pouvoir en quelque sorte l'examiner dans tous les détails comme une carte soigneusement dessinée, se développait la ville du Cap, avec les maisons de plaisance et les jardins qui sont disséminés entre elle et la montagne. Au moyen d'une lorgnette nous voyions très-distinctement les habitants marcher dans les rues; mais à l'œil nu, les navires qui reposaient sur leurs ancres étaient à un tel point rapetissés, qu'ils formaient à peine un trait dans la vue générale. Un peu plus vers la droite, la baie de la Table forme une vaste sinuosité; et après avoir parcouru du regard, dans la même direction, l'isthme plat et sablonneux qui sépare la Fausse-Baie (*False-Bay*) (1) de la pré-

---

(1) Cette baie a environ quarante kilomètres de tour. On s'était imaginé assez longtemps que son fond était couvert de pierres, et qu'une

cédente, on peut découvrir Rondebosch et les bouquets d'arbres touffus qui dans les environs indiquent autant de villas. Sur la limite extérieure de ces plaines de sable se montrent les montagnes du Paarlberg (1) et du Stellenbosch, et au delà de ce dernier district, celles de la Hollande-Hottentote, qui, continuant de courir vers le sud, bordent le côté oriental de False-Bay. Enfin la vue se terminait à droite par la montagne du Diable.

Je ne vis d'autres animaux sur la montagne de la Table que quelques singes à longue fourrure

---

ancre, par conséquent, n'y pouvait être en sûreté; de là lui était venu le nom de Fausse-Baie, parce que, tout en présentant les apparences d'un bon mouillage, elle n'offrait en réalité aucune sécurité. Cette opinion a été plus tard trouvée inexacte; mais le nom de False-Bay ne lui est pas moins resté. L'endroit le plus sûr pour les vaisseaux, pendant que règne la mousson du nord-ouest, est une espèce de crique arrondie appelée Simon's-Bay (la baie de Simon), située à la partie ouest de False-Bay. C'est près de cette crique qu'a été construite la petite ville de Simon's-Town, qui est le principal entrepôt des vins de Constance.

(1) Cette montagne doit son nom à un chapelet de grosses pierres rondes qui ressemblent de loin aux perles (*paarl* en hollandais) d'un collier. Deux de ces perles, placées dans la direction du centre de la montagne, et près de l'endroit le plus élevé, sont nommées la Perle et le Diamant.

verdâtre, de l'espèce appelée *barion* par les colons. C'est un animal qui se trouve dans presque toutes les parties de l'Afrique méridionale que j'ai visitées, mais seulement dans les lieux hauts et rocailleux. Je n'aperçus, d'ailleurs, ni oiseau ni insecte d'aucun genre, sauf une espèce de papillon qui m'était inconnue.

Nous prîmes un chemin plus long, mais plus facile, pour redescendre. Je pus alors reconnaître la constitution géologique de la montagne de la Table, constitution qui est à peu près la même que celle de toutes les montagnes environnantes. A partir de sa base et jusqu'à trois cents mètres d'élévation, la Table ne présente que des masses solides de granit; à cette hauteur, le granit disparaît; il est recouvert immédiatement par des couches horizontales de grès qui, uniformes partout, semblent s'être tranquillement déposées par-dessus le chaos des masses primitives. Jusqu'à la hauteur de soixante-dix mètres, le grès est rouge; puis il devient blanc et toujours plus compacte à mesure qu'il approche du sommet; il se trouve aussi mélangé de cailloux de différentes grosseurs, depuis celle d'un pois jusqu'à celle d'un œuf. C'est la couche horizontale qui donne à la montagne de la Table sa forme plate, et dont la surface est tapissée des plus belles bruyères.

La première chose qui fixe l'attention d'un étranger à son arrivée dans la ville du Cap, est la diversité extraordinaire de traits, de couleur et de costumes des différentes espèces de gens qui remplissent les rues. Il éprouve de la surprise de se trouver dans une sorte d'arche de Noé, où il rencontre plus de variétés d'une seule espèce, que ce patriarche n'en avait de confiées à ses soins de toutes les créatures animées. Il peut voir la robe blanche et nette de l'Hindou se frotter contre le kross (manteau de peau peinte) du Cafre, et la peau de mouton enduite de suie du Hottentot. Ici le paysan (*boër*) des Sneeuwbergen (montagnes de neige), marchant pieds nus, s'ébahit des bottes luisantes du fashionable de Londres; là on peut faire contraster la chevelure courte du Pensylvanien avec la longue queue pendante des Chinois; le Brésilien peut y donner une poignée de main au Malais, et le nègre de Guinée à son frère de Madagascar. Au milieu de ce groupe bigarré, les Européens de tous les genres, de toutes les origines, passent en revue devant lui.

Dans ce pêle-mêle d'hommes de tous les pays et de toutes les couleurs, les mœurs doivent offrir non moins de différences que les éléments dont il est composé. Bien des années, des siècles peut-être, s'écouleront avant que ces mœurs puissent s'amalgamer et prendre une forme nationale. En attendant, comme ce sont les Anglais qui sont aujourd'hui les maîtres de la colonie, ce sont leurs mœurs et leurs usages qui tendent à prévaloir, surtout dans les hautes classes. La société de Capetown est donc une copie de la société anglaise; et, ainsi que toutes les copies, ce qu'elle a le mieux saisi, ce sont les défauts de son modèle. Les soirées, les réunions, les bals y sont à peu près ce qu'ils sont à Londres; seulement la toilette des femmes y est plus recherchée et souvent moins décente. Ce n'est pas, du reste, dans les réunions du grand monde ou du monde officiel qu'il faut juger la population du Cap; pour la voir telle qu'elle est, allons faire un tour dans les jardins du gouverneur.

Ces jardins, comme je l'ai dit, sont continuellement ouverts aux promeneurs; mais pendant la semaine, ils ne sont guère fréquentés que par les désœuvrés ou par les étrangers nouvellement débarqués. C'est un dimanche qu'il faut y aller, si l'on veut jouir du tableau le plus animé et le plus curieux. Ce jour-là, chaque famille cherche à se distraire, et la foule se rassemble sous l'ombrage des allées du parc. Ici on voit passer l'indolent officier, l'Indien plus indolent encore, avec son teint cuivré, n'exprimant ni désir ni volonté. Plus loin, une famille hollandaise s'avance gravement et lentement, car l'embonpoint de madame est tellement exagéré, qu'il ne lui permet de se mouvoir qu'avec difficulté, au grand dépit de ses deux jeunes filles, forcées de régler leur pas sur celui de leur mère. Ces jeunes personnes, sans avoir la fraîche carnation qui distingue les Anglaises, ne manquent cependant ni d'élégance ni de beauté; leur teint est très-blanc, trop blanc peut-être; il est de cette nuance délicate qui annonce un état maladif et la privation d'air et d'exercice. Derrière cette famille, de pur sang batave, marche cette femme de caste mêlée, qui tire son origine d'un père européen et dont la taille est si gracieuse, la démarche si souple; son teint est coloré, sa chevelure brune et soyeuse ombrage son front et encadre ses yeux noirs, d'où jaillissent des étincelles.

Le Malais, avec son chapeau à forme conique ou son turban bleu ou cramoisi, sa ceinture rouge, garnie de son redoutable kriss, sa taille fine et déliée, ses yeux de tigre et son cou nu et nerveux, semble semé dans ce panorama mouvant pour en relever l'effet. Toutes ces figures à contrastes étranges s'avancent à l'ombre des rameaux du chêne d'Afrique, à travers lesquels pénètrent les rayons du soleil, qui de temps à autre jette son éclat sur les vêtements bigarrés des promeneurs. Il y a dans cet ensemble quelque chose de pittoresque et de caractéristique.

Pendant mon séjour au Cap, j'eus occasion de voir, d'une manière plus complète encore que dans les jardins du gouverneur, la réunion de toutes les classes de la société du Cap. C'était à une course de chevaux, divertissement que les Anglais introduisent partout où ils s'établissent. La course, par elle-même, avait pour moi fort peu d'attraits; elle ressemblait à toutes celles que j'avais vues en Europe. Après bien des délais et une longue attente, un cheval arrive seul au but, un second suit à peu de distance, enfin arrive le troisième au petit galop. Puis commencent les contestations et les conjectures sur le résultat supposé de la course. Mais je laisse là les discussions des *sportsmen*, pour contempler le cadre qui environne le turf, cadre mille fois plus varié, plus intéressant que le tableau lui-même. Mes yeux se portent tout d'abord sur les jockeys hottentots. Ils sont aussi animés que les jockeys anglais. Quelques-uns sont en pantalons et en bottes, coiffés d'une toque en satin qui contraste singulièrement avec leur figure cuivrée d'une étrange laideur, se prêtant l'un à l'autre un double charme, ainsi que des perles sur un bras éthiopien. L'enceinte est jonchée de cavaliers de toute espèce. Les uns ont mis leurs chevaux au galop, les autres vont au pas sur une herbe à moitié desséchée par le soleil; ici est l'officier élégant, à l'uniforme écarlate, se tenant tout d'une pièce sur un cheval magnifique; l'Indien sur un cheval encore plus beau; le gros et massif paysan hollandais dans sa jaquette de buffle et son pantalon de peau; la fringante amazone à la figure souriante et animée sous son voile de gaze légère qui voltige au vent; puis la foule de piétons, parmi lesquels brille l'uniforme du soldat; puis encore l'esclave dans ses plus beaux vêtements, aussi heureux que si le lendemain il ne devait pas reprendre sa toile grossière et son travail pénible, et que le dimanche dût toujours durer; car on le voit rire de si bon cœur en montrant ses blanches dents, qu'il est aisé de reconnaître qu'il n'a pas une pensée pour le chagrin.

Quelquefois c'est un groupe de figures orientales, avec leurs riches turbans aux couleurs variées, coiffure des plus gracieuses. Le corps est enveloppé dans une robe de lin qui cache leurs formes et leurs larges et blanches culottes. Le costume de ces hommes est noble et imposant; cependant ce ne sont que des domestiques indiens. Leurs traits sont généralement beaux, toujours expressifs; leurs fronts bien marqués, des cheveux à profusion d'un noir de jais, des moustaches bien dessinées sur une peau brune; leur cou nu et musclé est admirable de force. Souvent j'en ai vu se tenir debout derrière la chaise de leur maître, et j'ai pensé que si le moule dans lequel est jeté l'homme décidait des rangs, ils occuperaient une place supérieure à celle du maître qu'ils servent.

Tous les équipages de la colonie sont rassemblés dans l'enceinte préparée pour la course. Les premières places sont dévolues aux puissances; c'est là qu'est réuni tout ce que la colonie a de beau et de fashionable; puis viennent les cavaliers, ceux qui font courir et ceux qui parient, portant tous empreints sur leur visage les sentiments d'espérance et de crainte qui les animent. On peut s'amuser à considérer, le long de cette ligne, la gradation des équipages, depuis l'élégant tilbury anglais et la calèche attelée à la Daumont, jusqu'à la lourde voiture hollandaise, espèce de tombereau en forme de fourgon avec ses gros chevaux loués pour une journée; ces voitures sont occupées par des familles entières de blanches et flegmatiques hollandaises, ou par de noires beautés, parées de leurs plus brillantes couleurs, qui mangent tout le temps de la promenade et rient aux éclats.

Pour compléter ce que j'ai à dire des réunions et des amusements du Cap, je mentionnerai un concert qui se donna, quelques jours après les courses, dans la salle de spectacle dont j'ai parlé, et auquel je ne manquai pas d'assister. Ce concert fut entièrement instrumental; et je dois dire que, vu le petit nombre de musiciens de profession qui composaient l'orchestre, les différents morceaux furent exécutés d'une manière très-satisfaisante. La musique de la garnison avait fourni ses cors, ses bassons et ses clarinettes ; tandis que les autres instruments à vent ou à cordes étaient joués par les amateurs, qui tous étaient hollandais. L'auditoire aussi n'était presque entièrement composé que de dames hollandaises, mises avec beaucoup de recherche, d'après les modes d'Angleterre et de France. Cette réunion avait quelque chose de sérieux et en quelque sorte de solennel, qui contraste avec ce que j'ai vu souvent en France dans des soirées de ce genre. Pendant toute la durée du concert, on n'entendit jamais, comme il arrive souvent dans ces sortes d'assemblées, ni les causeries à demi-voix, ni les chuchotements qui ne servent qu'à distinguer les personnes désœuvrées et sans goût de celles qui aiment véritablement la musique. Ce fut pour moi une preuve, qui du reste m'a été confirmée plus tard dans d'autres circonstances, du bon ton qui règne dans la société hollandaise du Cap. On se sépara un peu après neuf heures ; d'ordinaire les Hollandais ne se retirent pas plus tard. Alors on voit par la ville des lanternes se mouvoir dans toutes les directions, et les différentes troupes d'amis passant auprès des autres se saluent d'un *Wel te rusten!* c'est-à-dire : Puissiez-vous bien dormir! C'est aussi par ce souhait adressé à mon lecteur que je termine ce chapitre.

CHAPITRE III

Promenade dans les environs de la ville. — Végétation; *Plaines du Cap.* — Excursion à Fransche-Hoek. — Rencontre d'une famille d'origine française. — Description de la vallée de Fransche-Hoek. — Hospitalité chez un fermier. — Une famille d'anciens protestants redevenue catholique. — Le jeune Joseph Duplessis.

Dans chacune de mes promenades hors de la ville, à peine avais-je dépassé les dernières maisons que mon attention était aussitôt attirée par la riche et merveilleuse variété des plantes qui poussaient de tous côtés. A chaque pas, au milieu des buissons, des champs et des mauvaises herbes du bord de la route, je reconnaissais quelques fleurs que j'avais vu élever à force de soins dans les serres chaudes de mon pays natal. C'étaient tantôt des charmilles de myrtes hautes de soixante mètres, tantôt de simples haies formées de grands aloès d'Amérique, dont les feuilles épineuses, lorsqu'ils sont plantés les uns près des autres, forment une barrière impénétrable non-seulement aux animaux, mais encore à l'homme lui-même. Ces belles plantes, dont les feuilles ont deux mètres de longueur et dont les tiges atteignent une élévation de dix mètres, offrent un échantillon vraiment gigantesque de celles qui sont communément appelées *fleurs*.

Quelquefois je poussais plus loin mes excursions. Plus d'une fois je m'aventurai dans la vaste solitude appelée les *Plaines du Cap*, où le sable est entassé sur le sable, comme les vagues de l'Océan. Là l'œil n'aperçoit que la tortue de mer, ne distingue que la trace profonde du pied du loup sauvage. Cette scène de désolation s'étend à cinq à six kilomètres à la ronde; le buisson sur lequel se perche l'oiseau est à demi desséché par le soleil, les pierres semblent calcinées, le serpent seul y montre sa robe luisante. Cette plaine de sable est entourée d'une rangée de montagnes coupées de vallons fertiles, d'admirables points de vue, verts, bien arrosés, de sites ombragés au milieu desquels le vigneron hollandais a bâti des maisons confortables, qu'il contemple avec satisfaction du sein de ses chênes verts.

Un jour, il me prit fantaisie de traverser cette plaine de sable, et d'aller visiter une de ces fraîches vallées que j'apercevais dans le lointain. C'était précisément la vallée de Fransche-Hoek ou du Coin-Français, située à environ quinze milles ou vingt kilomètres du Cap. Outre la beauté des sites que l'on m'avait vantée, j'étais curieux de m'assurer si, comme on me l'avait dit, il ne restait parmi les habitants aucune trace ni du langage ni des habitudes de leur ancienne patrie.

Je partis donc seul, à cheval, de grand matin, afin d'arriver de bonne heure au pied des montagnes que j'apercevais devant moi. On ne marche pas vite dans cette plaine de sable mouvant qu'il me fallait traverser. Je rencontrais çà et là quelques huttes solitaires de Hottentots qui gagnent leur vie soit à ramasser du bois de chauffage, soit à garder les bestiaux qu'on envoie dans ces misérables pâturages, où ils ne trouvent à subsister qu'en broutant des ronces et des arbustes desséchés. Après avoir ainsi cheminé jusqu'à près de midi, et lorsque déjà ma monture commençait à se fatiguer, j'arrivai enfin sur un terrain plus solide, et où se montraient des traces de culture et une végétation plus vive. A peu de distance, et au milieu d'un bouquet d'arbres touffus, j'aperçus les vastes bâtiments d'une ferme, à laquelle devait conduire le sentier que je suivais. Bientôt je me trouvai devant la porte, et à peine eus-je mis pied à terre que le fermier parut sur le seuil, et m'invita gracieusement en hollandais à venir dîner en famille avec lui. En même temps il donnait ordre à un valet hottentot de conduire mon cheval à l'écurie et d'en prendre soin. J'avais entendu parler de l'hospitalité des fermiers de la colonie du Cap, et je savais qu'en parcourant ce pays privé d'hôtelleries, je n'aurais pas d'autre gîte que les fermes que je rencontrerais sur ma route. J'acceptai donc, sans cérémonie, l'invitation du fermier, et je lui demandai, en échangeant une poignée de main, comment il se portait. « Fort bien! » est invariablement la réponse qu'on reçoit en pareil cas. J'avais été mis au courant de ce préliminaire d'introduction, et je n'étais pas fâché d'en faire l'essai. Ensuite, m'avait-on dit, l'hôte vous introduit dans la maison, on vous sert à manger, ou, si la famille est à table, on vous prie de partager son repas. Quelques questions banales comme celles-ci : « Où allez-vous ?... D'où venez-vous ?... » suivent ordinairement. Lorsque le repas est fini, vous êtes libre de continuer votre route dès que bon vous semble. Enfin il est rare qu'on vous interroge directement pour savoir qui vous êtes, ou même quels sont vos noms. Telle est la réception simple et hospitalière qu'on trouve dans presque toute la contrée.

Dans cette première épreuve de l'hospitalité des colons, tout se passa ainsi qu'on me l'avait annoncé, et même mieux, grâce à une circonstance dont je parlerai tout à l'heure. Au moment où j'entrai dans la ferme, la famille allait se mettre à table pour dîner, repas qui se prend invariablement à midi. Le fermier me fit asseoir à la place d'honneur, et, tout en mangeant, me demanda si j'allais bien loin. Je lui répondis que mon intention n'était pas pour le moment de dépasser la vallée de Fransche-Hoek, et je lui fis part des motifs qui m'avaient déterminé à la visiter.

« Vous êtes Français ? me dit mon hôte avec un mouvement de joyeuse surprise.

— Oui, répondis-je, et je désirais, comme je vous l'ai dit, me trouver au moins pendant quelques instants avec quelques-uns des descendants de mes anciens compatriotes.

— J'en suis un, reprit-il vivement, comme mon nom suffirait pour vous l'indiquer : je m'appelle Duplessis, et ma femme se nomme Martel; mais, hélas! nous avons oublié ou plutôt nous n'avons jamais su la langue que parlaient nos pères. Je conserve, comme une précieuse relique, une bible qui a appartenu à celui de mes aïeux qui est venu s'établir ici; il y a plusieurs pages écrites de sa main; malheureusement je ne puis pas comprendre ce que renferme ce livre, pas plus ce qui est imprimé que ce qui est manuscrit. »

En même temps il alla tirer d'un vieux bahut de chêne un livre soigneusement enveloppé, et il me l'apporta. C'était une bible en français, avec les psaumes de David traduits en vers par Ronsard. Sur un cahier de papier, qui avait été relié avec la bible, se trouvaient un grand nombre de notes manuscrites écrites par Zacharie Duplessis; l'une indiquait le jour de son mariage, d'autres les dates successives de la naissance de ses enfants. Une de ces notes, du 3 décembre 1688, à bord du vaisseau *l'Élisabeth*, en rade de Bordeaux, était suivie de ce passage tiré de l'Écriture : *Le salut nous vient de nos ennemis et de la main de ceux qui nous ont accablés de haine* ; et, un peu plus bas, ce verset du livre des Psaumes : *Que ceux qui cherchent mon âme, Seigneur, soient confondus et vous révèrent.* Puis venait une espèce de journal écrit pendant la traversée de Bordeaux au cap de Bonne-Espérance, où il était débarqué avec sa famille le 6 mars 1689. A partir de cette dernière note, toutes les autres étaient écrites de la main du fils de Zacharie. Je les lus toutes, en les traduisant au fur et à mesure à mon hôte, qui m'écoutait avec la plus grande attention ; mais, comme elles n'auraient pas le même intérêt pour mes lecteurs, je me crois dispensé de les rapporter.

Quand j'eus terminé ma traduction, Duplessis, me serrant la main avec effusion, me dit :

« Je suis heureux de trouver en vous en quelque sorte un compatriote, un frère, et, pour sceller notre rencontre, nous allons boire à la santé de la France une bouteille de vieux vin de Constance, dont vous me direz des nouvelles. »

Et, sans attendre ma réponse, il alla chercher

une bouteille d'excellent vin qu'il fallut vider en toasts à la France, à l'hospitalité, à l'amitié, etc.

Quand je remontai à cheval, mon hôte voulut absolument me donner un guide pour me conduire dans les endroits les plus remarquables de la vallée, en me faisant promettre de revenir prendre chez lui mon gîte pour la nuit, car il ne me serait pas possible de regagner la ville dans cette journée, et il ne voulait pas que je demandasse l'hospitalité ailleurs que chez lui.

Cette promesse faite, et les poignées de main échangées, je me mis en route au pas, pour mieux observer le paysage et ne pas fatiguer mon guide, qui m'accompagnait à pied.

La vallée de Fransche-Hoek est un superbe amphithéâtre parfaitement cultivé, entouré de montagnes, toutes de formes aussi variées que les nuages qui les recouvrent. Plusieurs sont tapissées de verdure depuis leur base jusqu'au milieu, et cette verdure cesse subitement pour faire place à des rochers gris et nus. D'autres, entièrement stériles, n'offrent çà et là que quelques réduits ombragés.

La vallée a plusieurs détours, des enfoncements boisés et des bas-fonds inondés en hiver, mais en été couverts de la plus riche végétation, de plantes bulbeuses, de quelques bruyères rares, de quelques géraniums, à travers lesquels mon cheval avait peine à se frayer un chemin. J'y trouvais de temps à autre des oiseaux aux brillantes couleurs, appelés *sugar-birds*, oiseaux à sucre, c'est-à-dire chercheurs de miel. J'aurai occasion de parler ailleurs de ces singuliers oiseaux.

Je voulais découvrir la source de quelques ruisseaux dans la montagne, et dans ce but il m'arriva en remontant de suivre le cours paisible d'une eau transparente, et de poursuivre ma route sur des bords tantôt garnis de roseaux, tantôt ombragés par des saules aux branches pendantes, frappé par le contraste que m'offraient les objets à une distance de quelques centaines de pas. C'était une verdure variée; j'y trouvais l'orange avec sa teinte jaunâtre, la vigne vierge grimpante, et cette eau limpide coulant doucement sous ce feuillage épais et fleuri. Un mille plus loin la scène changeait, et tout alentour portait l'empreinte de la défaillance et de la mort. Des troncs d'arbres dépouillés de leur écorce étalaient leurs couleurs d'un gris pâle; ils étaient desséchés, calcinés par le soleil, véritables squelettes de ce qu'ils furent autrefois; et ce ruisseau qui partout semblait couler avec plaisir, et promener ses eaux fécondes qu'accompagnait un murmure joyeux, ici errait silencieux et triste à travers un pays désolé: feuilles, arbres et fleurs, tout paraissait céder à cette funeste influence.

Je dirigeai ensuite mes pas vers un ravin appelé Fransche-Hoek-Kloof (*Passage du Coin-Français*). C'est une de ces routes pratiquées à travers la barrière naturelle des montagnes pour donner un passage de la péninsule du Cap dans l'intérieur de la colonie. Cette route a sept milles (environ dix kilomètres) de longueur, et va en montant de la vallée jusqu'au sommet; puis elle descend de l'autre côté de la même manière. Toujours pratiquée sur une des montagnes escarpées qui forment le ravin, cette route mérite d'être citée par la difficulté de l'exécution et l'immense travail qu'elle a nécessité. Plusieurs endroits ont été taillés dans le roc vif, dont les masses grises la recouvrent quelquefois en voûte; d'autres fois elles forment un parapet qui sépare le voyageur d'un précipice au fond duquel on voit couler un torrent impétueux, et à une telle profondeur, que l'on juge plutôt de la violence de son cours par la vue que par le bruit qui parvient à peine à votre oreille. J'ai certainement vu de plus hautes montagnes; mais, quant aux effets de lumière et d'ombre, j'avoue n'avoir jamais eu sous les yeux une scène qui ait produit sur moi une impression plus sévère.

Quand je gravis cette montagne, le soleil était encore très-élevé sur l'horizon; c'est en vain qu'autour de moi je cherchai un ombrage pour me défendre de l'ardeur de ses rayons. Chaque objet vacille devant vos yeux dans sa brillante et silencieuse immobilité. Mon cheval, les oreilles dressées, d'un pas faible et avec de fréquentes haltes, gravit jusqu'au sommet, tandis que tout dans la nature semble succomber sous l'influence brûlante de la chaleur, que les arbrisseaux rabougris et les géraniums qui tapissent les flancs de la montagne sont desséchés, et que les *protées* variés qui poussent dans le creux des rochers et s'y entassent languissent comme s'ils avaient ressenti l'action du feu.

Je redescendis la montagne, au moment où le soleil déclinait vers l'horizon, sur un des flancs du ravin dont l'ombre me protégeait; il semblait que les deux côtés de la montagne se rapprochassent l'un de l'autre. C'est une chose admirable que le spectacle de ces rochers pyramidaux, dont l'ombre grisâtre se reflète sur le côté éclairé par la lumière pourprée du soir. Le seul être animé que j'y aie rencontré ajoutait encore au sombre caractère de cette scène; c'était un vautour dont le bruit des pas de mon cheval troubla la paix. Il s'éleva lentement de son nid, étendant ses larges ailes grises, plana un instant au-dessus de ma tête, puis, dépassant le ravin, disparut dans l'immensité de l'horizon.

En rentrant dans la partie habitée de la vallée, je ne me lassais pas d'admirer ces belles fermes entourées de chênes et d'orangers, et de gigantesques haies couvertes de roses de Ceylan. C'est le soir surtout qu'il faut voir ces troupeaux qui ont trouvé leur nourriture sur les bords du ruisseau, ces groupes de chèvres qui ont disputé quelques brins d'herbes aux rochers tapissant la montagne, conduits par ce jeune Hottentot, environné de ses chiens, avec son chapeau rustique orné d'une plume d'autruche, et ses vêtements déguenillés : il n'a rien perdu au change, car c'est encore un peu mieux que sa peau de mouton primitive.

Les bâtiments de ces fermes sont vastes, les magasins et les logements des serviteurs et des esclaves sont spacieux; mais, en général, l'intérieur est mal tenu, malpropre, et bien loin de cette élégance qu'on peut encore retrouver dans les chaumières du midi de la France dont ces colons tirent leur origine. J'en excepterai pourtant la ferme de Duplessis, remarquable par la propreté et la bonne tenue de son intérieur; aussi j'y revins le soir avec bonheur quelques heures avant le coucher du soleil. Avec quel plaisir je me reposai sous ce toit hospitalier, à l'ombre de ces chênes qui me rappelaient la France par leur ressemblance avec les nôtres pour le feuillage et le gland, mais qui n'en ont ni la force ni les branches noueuses! Mais ce qui me rappelait mieux encore la patrie, c'étaient ces vignobles en tout semblables aux nôtres, et dont les ceps proviennent de quelques plants arrachés sur les bords du Rhône ou de la Gironde il y a près de deux siècles, et transportés comme les cultivateurs eux-mêmes sur ces rivages lointains. Puis au milieu des vignes croissent l'oranger, le citronnier, le prunier, le pêcher, le grenadier, l'amandier, tous aussi provenant du midi de la France; non loin de là s'élève la tige mince et gracieuse du bambou, au feuillage délié et flexible, que le moindre souffle de vent agite; puis l'aloès épineux, et d'autres plantes indigènes, qui semblent protester contre l'invasion des plantes étrangères.

Pendant que ce tableau m'avait jeté dans une longue rêverie, le maître, qui était allé surveiller les travaux de ses domestiques, rentra à la ferme. Après avoir échangé une poignée de main avec moi, il me dit :

« Je vais veiller à la rentrée de mes troupeaux, et dans un moment je suis à vous. »

Je voulus l'accompagner, et bientôt je vis ses bestiaux, ses chevaux, ses moutons gagner, sous la conduite de leurs bergers hottentots, une enceinte formée de fortes et hautes palissades. Cette enceinte se nomme *kraal,* nom que l'on donne également aux villages des naturels du pays soit hottentots, soit cafres. Je remarquai avec quel soin minutieux Duplessis, après avoir compté tous les animaux, examinait si la clôture du kraal était partout en bon état.

« Est-ce que vous craignez les voleurs? lui dis-je en riant.

— Non, me répondit-il, Dieu merci, nous

n'avons pas à craindre ici, comme les fermiers des frontières, les incursions des Cafres ou des Bosjesmans (1); mais nous avons à nous défendre contre un ennemi non moins dangereux. Aussitôt que la nuit sera venue, les loups vont descendre de la montagne, et parcourront la vallée jusqu'au jour; malheur à celui de mes animaux qu'ils trouveraient hors du kraal, et malheur plus grand encore s'ils pouvaient y pénétrer! Souvent même, ajouta Duplessis, le superbe tigre du Cap se glisse vers le soir dans la vallée et vient rôder autour des habitations. Tapi près du kraal des moutons, il laisse échapper, en flairant sa proie, un court et sourd hurlement qui rompt le silence de la nuit, et plus d'une fois le matin j'ai trouvé des traces des efforts qu'il a faits pour franchir l'enceinte. »

Nous rentrâmes ensuite à la ferme, où le souper nous attendait. Cette fois toute la famille était réunie, et je comptai sept enfants, quatre garçons et trois filles. Les aînés, qui étaient trois garçons de dix-huit, vingt et vingt-deux ans,

---

(1) Les *Bosjesmans* ou *Boschesmans*, hommes des bois; nous en parlerons souvent dans le cours de ce voyage.

étaient placés, par rang d'âge, à côté de leur père. La mère et les autres enfants plus jeunes occupaient l'autre bout de la table. Après le repas, qui fut encore arrosé, comme le dîner, d'une bouteille de vin de Constance, mon hôte voulut me conduire lui-même dans la chambre qui m'était destinée pour passer la nuit. Cet appartement, blanchi à la chaux, n'avait rien de somptueux; mais il offrait un aspect de propreté qui réjouissait la vue. Quelques chaises en bambou, une table, une commode, formaient tout l'ameublement ; ce qui me frappa d'étonnement, ce fut la vue d'un christ en ivoire sculpté, suspendu à la tête du lit, et, à droite et à gauche, deux images représentant l'une la sainte Vierge, l'autre saint Joseph. Je me retournai vivement vers Duplessis, et, lui serrant la main dans les deux miennes, je lui dis :

« Ah! mon cher hôte, serais-je assez heureux, dans ce pays que je croyais tout protestant, de me trouver au milieu d'une famille catholique?

— Votre mouvement de joyeuse franchise, me répondit-il, me prouve, Monsieur, que vous êtes vous-même catholique, et je suis heureux à mon tour de rencontrer dans mon hôte non-seulement un frère comme étant enfant de la même patrie, mais encore comme appartenant à la même communion.

— Et moi, répliquai-je, je ne saurais vous exprimer le bonheur que j'éprouve; mais, dites-moi, comment se fait-il que vous, descendant de réfugiés protestants bannis de France pour leur attachement au calvinisme, vous ayez renoncé à la religion de vos pères, dans un pays où cette religion est dominante, pour rentrer dans le giron de l'Église catholique?

— Ne dites pas que j'ai renoncé à la religion de mes pères, dites plutôt que c'étaient eux qui avaient renoncé à la religion des leurs, qui était la religion catholique; car le grand-père de mon aïeul Zacharie, dont je vous ai fait voir la bible, était un catholique fervent, et c'est son fils, le père de Zacharie, qui a embrassé la doctrine de Calvin et y a entraîné ses descendants. Je n'ai donc pas changé de religion, je n'ai fait que revenir au culte pratiqué de temps immémorial par mes ancêtres.

— Vous avez parfaitement raison, et ce n'est pas un reproche que je voulais vous adresser, Dieu m'en garde! c'était seulement une explication que je voulais vous demander. Comment cet heureux changement s'est-il opéré?

— Ah! la réponse à cette question nous mènerait trop loin, et vous avez besoin de repos et moi aussi. Tout ce que je puis vous dire en ce moment, c'est qu'il y a une dizaine d'années j'eus le bonheur de donner l'hospitalité à un homme dont j'étais loin de soupçonner le caractère sacré : c'était un prêtre catholique hollandais. Pendant son séjour dans cette vallée, j'eus avec lui de fréquents entretiens au sujet de la religion, et bientôt je fus convaincu de l'inanité de toutes les sectes qui se sont séparées de la véritable Église sous prétexte de la réformer. Quoique mon esprit fût convaincu, je ne me décidai pas cependant immédiatement à embrasser le catholicisme. Deux motifs m'arrêtaient principalement : d'abord le préjugé dont vous me parliez tout à l'heure, c'est-à-dire l'idée de renoncer à une religion qu'avaient professée mes pères et pour laquelle ils avaient souffert la persécution; ensuite, que penseraient mes voisins, mes amis, mes connaissances en apprenant un tel changement? Mais enfin, grâce à Dieu, grâce aux instructions et aux prières du révérend père

Van der Brooken, je triomphai des préjugés et du respect humain, et j'eus le bonheur de me réconcilier avec l'Église et de faire rentrer avec moi dans son sein toute ma famille.

— Vous venez de me nommer le père Van der Brooken, repris-je vivement; c'est donc lui qui vous a initié aux vérités de notre sainte religion?

— Oui, répondit-il; est-ce que vous le connaissez?

— Certainement. J'ai fait sa connaissance dès les premiers jours de mon arrivée à la ville du Cap, et j'espère bien que notre liaison se prolongera plus longtemps que mon séjour dans la colonie.

— Eh bien, puisque vous le connaissez, veuillez, je vous prie, quand vous le rencontrerez, me rappeler à son souvenir. D'ailleurs je compte bientôt le voir moi-même, car il est probable que j'irai dimanche prochain à Capetown, pour entendre la messe avec toute ma famille; malheureusement c'est un devoir qu'il ne nous est pas possible de remplir tous les dimanches, surtout dans cette saison.

— J'espère que quand vous viendrez à la

ville, j'aurai aussi le plaisir de vous voir et de vous renouveler mes remercîments de votre gracieuse hospitalité. »

Le lendemain matin, au moment de monter à cheval, je trouvai mon hôte, entouré de toute sa famille, qui m'attendait pour me faire ses adieux.

« Monsieur, me dit le père Duplessis, ma femme et mes enfants, en apprenant que vous étiez un de nos frères en religion et un ami du révérend père Van der Brooken, n'ont pas voulu vous laisser partir sans vous adresser leurs souhaits de bon voyage, et sans vous prier de présenter leurs respectueux hommages à leur père spirituel. »

Je fus touché de cette marque de bienveillance et de cordialité, et j'en remerciai ces braves gens avec effusion. Mais ce n'était pas tout : quand je fus en selle, je vis le fils aîné de Duplessis monter aussi à cheval, et venir se ranger à côté de moi. En même temps son père me dit :

« Mon fils Joseph va vous accompagner pendant un mille ou deux pour vous mettre dans la bonne voie; car, bien qu'il ne soit guère possible de s'égarer d'ici à Capetown, il est facile de faire beaucoup plus de chemin quand on ne connaît pas la route la plus directe, et c'est ce qui vous est arrivé hier. »

Je voulus en vain me défendre de cette nouvelle obligeance, en disant que je serais contrarié de faire perdre à son fils un temps précieux, dans un moment où je savais que les travaux de la ferme réclamaient la présence de tout son monde.

« Non, non, reprit Duplessis; Joseph doit en vous quittant visiter un de nos champs de maïs où travaillent une partie de nos gens, et cela ne le détournera que de dix minutes au plus. »

Je n'insistai pas, et mon nouveau guide et moi nous nous mîmes aussitôt en route. Pendant quelques instants j'examinai mon compagnon avec plus d'attention que je ne l'avais fait jusque-là. C'était un beau et grand jeune homme qui n'avait rien de la physionomie froide et insignifiante des colons hollandais; au lieu de leur teint d'un blanc mat, de leurs cheveux blonds et plats, de leurs yeux bleus sans expression, son teint était brun, ses cheveux noirs et bouclés, et ses yeux également noirs brillaient du feu de l'intelligence. On voyait qu'il avait du sang provençal dans les veines, ou plutôt il offrait le véritable type du Français méridional, et cette bouche fine et un peu railleuse semblait plutôt faite pour parler le doux langage des troubadours que le rude idiome des Bataves. Du reste, j'avais déjà fait la même remarque, en général, à l'égard de tous les individus composant la famille Duplessis, et en particulier à l'égard du père, qui avait avec son fils aîné une ressemblance frappante. J'ajouterai enfin qu'à cette physionomie fine et intelligente qui les distinguaient l'un et l'autre, plus que les autres membres de la famille, ils joignaient un air de bonté, je dirais presque de bonhomie, qui inspirait la confiance. Souvent les apparences sont trompeuses, surtout dans la physionomie humaine; ici elles ne l'étaient pas, comme on le verra par la suite de ce récit.

Tant que le chemin avait été solide, nous avions marché au grand trot, ce qui ne m'avait pas permis d'adresser la parole à mon guide; mais bientôt la route devint sablonneuse, et il fallut mettre nos chevaux au pas.

« Mon cher Joseph, lui dis-je alors, ne venez pas plus loin, je vous prie; ce serait vous fatiguer inutilement vous et votre cheval; la route est maintenant parfaitement tracée, et il m'est impossible de me tromper.

— Monsieur, me répondit-il, permettez-moi d'aller jusqu'à cette hutte que nous apercevons là-bas; il y a un Hottentot qui est à notre service et à qui j'ai quelque chose à dire. »

Quelle fut ma surprise! Joseph, à qui je venais d'adresser la parole en hollandais, m'avait fait cette réponse en français très-intelligible, quoique avec un fort accent étranger et une certaine hésitation, comme s'il eût cherché ses mots et leur combinaison entre eux.

« Quoi! m'écriai-je, vous parlez français?

— Oh! que je suis heureux, reprit-il joyeusement, de voir que vous m'avez compris et que je vous comprends! (Je venais de lui répondre en français). Cela me prouve que le père Van der Brooken n'a pas perdu son temps en m'enseignant une langue qui n'est pas la sienne; aussi me disait-il souvent: Je puis bien vous donner les principes de la langue française, et vous la faire entendre dans les livres; mais pour vous apprendre à la parler, c'est différent, et je doute qu'avec mes leçons seules vous puissiez vous faire comprendre d'un Français. »

Cette fois sa réponse était un mélange de français et de hollandais fort curieux, mais toujours intelligible pour moi.

« C'est donc, repris-je, le père Van der Brooken qui vous a donné des leçons de français?

— Oui, Monsieur; j'ai été pendant cinq ans, depuis l'âge de treize ans jusqu'à dix-huit, en pension au collége catholique établi au Cap par monseigneur l'évêque; le père Van der Brooken était un de nos professeurs, et c'est lui qui m'a appris l'anglais, le français et un peu de latin.

— Et vos frères ont-ils aussi été élevés au collége?

— Oui, Monsieur, mais ils y sont restés beaucoup moins longtemps que moi; seulement jusqu'à ce qu'ils aient fait leur première communion et qu'ils aient été confirmés. Aucun d'eux n'a appris le français, et moi seul j'ai désiré connaître cette langue, pour pouvoir un jour réaliser le projet que j'ai formé d'aller visiter l'ancien berceau de notre famille.

— Comment! vous avez formé le projet de venir en France?

— Oh! il y a bien longtemps que c'est là l'objet de mes rêves; mais pour qu'il puisse se réaliser, il faut l'accomplissement de certaines conditions préalables et qui ne dépendent pas entièrement de ma volonté. »

Il prononça ces derniers mots d'une voix plus basse et avec un air mystérieux ; puis, après s'être tu un instant, il reprit en élevant la voix :

« Monsieur, auriez-vous la bonté, quand vous verrez le père Van der Brooken, de lui dire que je persiste plus que jamais dans les intentions qu'il connaît, et que je compte à mon tour sur les promesses qu'il m'a faites ?

— Je ferai votre commission avec plaisir, et je compte vous donner moi-même la réponse, car j'espère bien vous voir dimanche prochain quand vous viendrez avec votre famille.

— Je l'espère également, et si je ne craignais d'être importun, je vous prierais de vouloir bien encore ce jour-là me donner une leçon de français comme celle d'aujourd'hui, c'est-à-dire me permettre de causer un peu avec vous.

— Non-seulement un peu, mais beaucoup, et aussi longtemps que cela pourra vous convenir. Allons, mon cher Joseph, le moment est venu de nous quitter. Nous voici arrivés à la hutte, et je ne vous permettrai pas d'aller plus loin. Au revoir, à dimanche. »

Nous nous serrâmes cordialement la main, et nous nous séparâmes.

CHAPITRE IV

La famille Duplessis. — Comment s'était opérée sa conversion. — Ignorance et préjugé des boërs ou fermiers hollandais en matière de religion. — Origine, progrès, et état actuel des missions catholiques dans la colonie du cap de Bonne-Espérance et dans l'Afrique australe. — Projets de Joseph Duplessis.

Dès que je fus arrivé au Cap, je n'eus rien de plus pressé que d'aller voir le révérend père Van der Brooken, et de lui raconter mon excursion dans la vallée de Fransche-Hoek. Je n'oubliai pas, comme on le pense bien, de lui parler de la famille Duplessis, de l'accueil hospitalier que j'en avais reçu, et de m'acquitter de la commission dont m'avait chargé pour lui la famille entière et le fils aîné en particulier.

« Oh! les braves et dignes gens que ces Duplessis! s'écria-t-il; je les reconnais bien là, et je vous félicite sincèrement d'avoir fait leur connaissance.

« Le père Duplessis est un homme rempli de bon sens, au cœur droit et pur, et qui cherche la vérité dans toute la sincérité de son âme. Aussi dès mes premiers entretiens avec lui sur la religion, il me manifesta les doutes que lui inspiraient les missionnaires et les ministres des différentes sectes répandues dans la colonie, sans en excepter les prêtres et les missionnaires catholiques, les derniers venus dans le pays.

« Comment voulez-vous que je vous croie, me disait-il, plutôt que les ministres anglicans, calvinistes, luthériens, méthodistes, les frères moraves, et tant d'autres? Vous me dites que votre religion est la seule vraie; eux m'en disent autant de la leur. Cependant la vérité doit être une, et si parmi ces religions qu'on nous prêche il en est une qui soit vraie, les autres doivent être fausses; mais comment moi, pauvre cultivateur ignorant, pourrais-je distinguer la vérité de l'erreur? Je ne demanderais pas mieux cependant; et si une fois je pouvais reconnaître à des signes certains laquelle de toutes ces doctrines est la bonne, la vraie, je m'y attacherais de toutes les forces de mon âme, et je la suivrais, sans m'en détourner, comme la seule, la véritable voie qui doit me conduire au but de notre pèlerinage sur cette terre.

« Vous comprenez, Monsieur, ajouta le père Van der Brooken, qu'en voyant chez cet homme de pareilles dispositions, c'est-à-dire un désir sincère de connaître la vérité, et n'apportant à cette recherche ni préjugés, ni passions, ni opinions préconçues, il ne me fut pas difficile de lui démontrer que cette voie directe dans laquelle il désirait entrer était celle qui nous avait été tracée par Jésus-Christ lui-même; qu'il avait chargé ses apôtres et leurs successeurs de nous y servir de guides; que depuis la prédication de l'Évangile ces guides fidèles s'étaient, en effet, succédé les uns aux autres, sans interruption, jusqu'à nous, comme ils se succèderaient jusqu'à la consommation des siècles; que, par conséquent, tout homme qui s'écartait de cette voie du salut et prétendait en suivre et en indiquer une autre marchait nécessairement dans le chemin de l'erreur et de la perdition, et y entraînait avec lui ceux qui avaient la faiblesse de l'écouter; qu'ainsi pour distinguer et reconnaître à des signes certains, comme il le désirait, ceux qui enseignaient la vérité de ceux qui prêchaient le mensonge, il n'avait qu'à demander aux uns et aux autres : Qui vous a envoyés? De qui tenez-vous votre mission? Ces derniers seront forcés de vous dire qu'ils n'ont d'autre mission que celle qu'ils tiennent d'eux-mêmes, ou bien qu'ils suivent la doctrine de Luther, de Calvin, ou de Mélanchton, ou de Zwingle, ou de tout autre sectaire qui a abandonné la route tracée par le Christ, pour se lancer dans des sentiers inconnus où ils se sont égarés avec ceux qui ont eu le malheur de les suivre. Demandez, au contraire, aux ministres de la religion catholique, qui leur a donné le pouvoir d'enseigner, de baptiser, de conférer les sacrements? Ils vous répondront : C'est celui qui a dit à ses apôtres et à ceux qu'ils désigneraient pour leurs successeurs : « Allez, et enseignez les nations; baptisez-les, « au nom du Père et du Fils et du Saint-Esprit; « à ceux à qui vous remettrez les péchés sur la « terre, ils seront remis dans le Ciel. »

« Que vous dirai-je de plus? Après quelques entretiens de cette nature, son esprit fut éclairé;

la grâce toucha son cœur, il voulut que sa famille reçût de moi les mêmes instructions, et bientôt tous ensemble demandèrent à être réconciliés avec l'Église. Loin de cacher sa conversion, le père Duplessis, pensant que son exemple pourrait n'être pas sans influence sur ses compatriotes, voulut abjurer solennellement le calvinisme entre les mains de notre vénérable prélat.

— Eh bien, repris-je, cette prévision de ce brave homme s'est-elle réalisée?

— Jusqu'à un certain point, et pas autant que nous l'espérions; car vous ne sauriez vous faire une idée des obstacles que nous rencontrons ici. Cependant quelques-unes des familles de Fransche-Hoek ont imité les Duplessis, mais en bien petit nombre. Quant aux boërs ou fermiers hollandais d'origine, comme ils sont disséminés à des distances qui ne permettent guère de les réunir, la prédication ne peut se faire le plus souvent qu'à domicile, et malheureusement nous sommes trop peu nombreux pour suffire à une pareille tâche. J'ajouterai que cet isolement du boër l'a jeté dans une ignorance complète, et quelquefois dans d'étranges idées sur la religion de ses pères. Si vous lui dites que ses ancêtres étaient catholiques :

« Non, vous répondra-t-il, mes ancêtres « étaient Hollandais; ils n'étaient ni juifs, ni ro- « mains ; ce sont les Romains qui ont crucifié « Jésus-Christ, et Ponce-Pilate était un romain, « ou, comme vous dites, un catholique. »

« Ces préjugés religieux s'appuient, pour un grand nombre d'esprits, sur un patriotisme mal éclairé. A leurs yeux, c'est renoncer à la Hollande que d'abjurer le protestantisme. J'ai beau leur dire que moi, prêtre catholique, je suis Hollandais et qu'un million de nos compatriotes sont catholiques, ils ne croient pas que je puisse leur parler sérieusement. Les ministres protestants et leurs journaux exploitent habilement cette ignorance et ces erreurs. Il n'est pas rare de lire dans les feuilles publiques de la colonie que, tel jour, tous les catholiques de vingt, de trente communes, dans tel département français, ont secoué le joug du papisme et embrassé le pur Évangile, comme ils appellent leur prétendue réforme.

— Mais comment se fait-il, demandai-je au père Van der Brooken, que votre colonie possède un si petit nombre de ministres de notre religion, tandis que l'Europe catholique, et la France en particulier, envoie, je dirais presque avec prodigalité, ses missionnaires en Turquie, au Thibet, en Chine, en Corée, au Tonquin, et dans toutes les îles de l'Océanie, où souvent ces apôtres de la foi ont à subir les persécutions et le martyre? Ici, à ce que j'ai pu en juger du moins depuis mon arrivée dans ce pays, le protestantisme est dominant parmi les colons; mais ce protestantisme n'est ni fanatique, ni persécuteur; il me paraît, au contraire, fort tiède et fort indifférent en matière de religion. Tous les cultes sont libres ici comme aux États-Unis, et voyez pourtant dans ce dernier pays quels immenses progrès y a faits la religion catholique depuis un certain nombre d'années. »

Le père Van der Brooken, après avoir réfléchi quelques instants, poussa un profond soupir et me dit:

« Pour répondre à vos questions, Monsieur, il faudrait entrer dans quelques détails sur l'origine et les progrès des missions catholiques dans ce pays. Ces détails vous paraîtront peut-être un peu longs, quoique je les abrégerai autant que possible; mais si vous avez le temps de les entendre, ils vous serviront d'études préliminaires d'un pays que vous êtes venu visiter, non par un motif de vaine curiosité, mais principalement pour connaître les divers peuples qui l'habitent, leurs mœurs, leur manière de vivre, le degré de leur civilisation, leurs opinions religieuses et le culte qu'ils professent. »

Je répondis que j'étais prêt à l'entendre, et que j'écouterais avec intérêt tout ce qu'il aurait à me dire sur ce sujet. Aussitôt le vénérable missionnaire commença ainsi :

« Jusqu'au commencement de ce siècle, on peut dire que la colonie du Cap et les provinces de l'Afrique méridionale qui l'avoisinent ont été comme un livre scellé pour l'Europe catholique. Pendant tout le temps que ce pays appartint à la compagnie hollandaise des Indes orientales, l'exercice du culte catholique fut interdit sous les pénalités les plus sévères. Vint ensuite la domination anglaise qui, après avoir suivi les errements de la compagnie des Indes, est devenue petit à petit, et comme à regret, un peu plus tolérante. Or, pendant que ces côtes étaient ainsi fermées, les diverses sociétés protestantes y jetaient leurs apôtres; ils accouraient en foule de la Prusse, de la France, de la Moravie, de l'Angleterre et de la Hollande, et fondaient des établissements nombreux. C'était bien le pays qu'il fallait aux ministres de la prétendue réforme : un climat sain, des indigènes paisibles, nulle chance du martyre, et en outre la facilité de faire un peu de commerce, l'inestimable avantage qu'offrait la colonie d'être placée assez loin de la métropole pour distribuer impunément ses bulletins fabuleux à la crédulité britannique. Aussi le Cap était-il cité en toute occasion comme le théâtre des merveilles protestantes, et ces bons Cafres, qu'on disait convertir par millions, faisaient couler en abondance les larmes et l'or des évangéliques Anglais.

« Mais voici que l'Église catholique a pénétré à son tour dans cette oasis protestante de l'Afrique méridionale. Ce n'est plus seulement la côte, c'est l'intérieur même du pays qui s'offre à ses conquêtes, et nos missionnaires, arrivés d'hier, pour ainsi dire, ont déjà pénétré plus loin que ne l'ont fait les ministres protestants établis depuis plus de deux siècles dans ces contrées.

« Avant de vous parler de l'état actuel de nos missions dans ce pays, état encore peu florissant sans doute, mais qui nous permet néanmoins de concevoir de grandes espérances pour l'avenir, il est à propos que je vous dise un mot des difficultés que nos prêtres ont rencontrées pour s'établir dans la colonie.

« Je ne sache pas qu'aucun missionnaire catholique y ait pénétré avant 1802 ou 1803, époque où, d'après le traité d'Amiens, la colonie, occupée par les Anglais depuis 1796, fut rendue à la Hollande, et devint la propriété de la république batave. Trois prêtres catholiques hollandais vinrent alors s'y établir, et ils s'y trouvaient encore lorsque la Grande-Bretagne recouvra la domination du pays en 1806; toutefois il n'est resté ni tradition, ni monument, qui atteste l'existence de quelque église ou les traces du ministère exercé par ces hommes de Dieu, pendant les deux ou trois années qu'ils séjournèrent dans la colonie. Bannis par les nouveaux possesseurs du Cap, ils retournèrent dans leur patrie vers la période de temps qui suivit l'occupation anglaise. Depuis lors jusqu'en 1820, c'est-à-dire durant l'espace de quatorze ans, il n'y eut ni apôtres ni églises pour nos frères, qui durent alors devenir très-nombreux, grâce à un régiment composé de Français, de Belges et d'Allemands, dont la majeure partie s'établit dans la colonie après avoir été licencié, grâce enfin au contingent de soldats catholiques, la plupart Irlandais, qui se trouvaient dans les rangs de l'armée britannique cantonnée dans ce pays.

« En 1819 et 1820, plusieurs familles irlandaises, transplantées ici aux frais de l'État, et disséminées pour la plupart à sept à huit cents milles de la cité, restèrent longtemps privées de tous secours spirituels, faute d'un pasteur qui pût les visiter; il s'écoula même près de dix-huit ans sans que le plus grand nombre d'entre eux vissent un seul prêtre.

« Cependant, en 1820, un religieux de Saint-Benoît, le révérend père Kater, vint se fixer au chef-lieu de la colonie; il était envoyé par monseigneur le vicaire apostolique de l'île Maurice et du cap de Bonne-Espérance (ces deux vicariats n'en formaient alors qu'un seul). Peu de mois après, aborda aussi le vicaire apostolique lui-même. L'abandon où il vit nos chrétiens émut son zèle, et il laissa le révérend père Soully, Irlandais, pour desservir la mission. Celui-ci obtint de la municipalité du Cap, en 1821, un emplacement destiné à l'érection d'un temple catholique. Il commença immédiatement à recueillir des souscriptions pour cet objet, et au mois de mars 1824 toute la maçonnerie était terminée. Mais les dons volontaires n'ayant pas suffi à la dépense, le père Soully eut malheureusement la pensée de recourir à des emprunts, en donnant pour garantie une hypothèque sur le terrain et la chapelle; de là des embarras et des procès, qui forcèrent le révérend père Soully à quitter la colonie, où il n'avait recueilli que dégoût et amertume.

« Il eut pour successeur, en 1826, un prêtre hollandais nommé Théodore Haggener, homme de talent, de zèle et d'énergie, qui ne se borna pas à résider au Cap, et qui entreprit enfin de visiter les catholiques établis à Port-Élisabeth, à Vitenhagen et à Graham's-Town, tandis que le révérend Thomas Rishton, prêtre irlandais, administrait l'église même du cap de Bonne-Espérance. Peu après se ranimèrent avec une nouvelle violence les difficultés soulevées à l'occasion de l'emprunt dont j'ai parlé; bientôt le poste ne fut plus tenable pour les deux ecclésiastiques, dont l'un, le prêtre hollandais, repartit au plus fort du tumulte pour sa patrie; l'autre, le révérend père Rishton, regagna l'Angleterre en 1835, avec une santé si affaiblie qu'il mourut peu après dans un couvent de son ordre.

« Après leur départ, la congrégation fut sans clergé, jusqu'à ce qu'un religieux dominicain espagnol, allant d'Europe à Manille, et obligé de faire halte au cap de Bonne-Espérance pour raison de santé, en janvier 1836, fut prié d'y exercer le ministère pastoral. A cet effet, il reçut les pouvoirs de monseigneur le vicaire apostolique de l'île Maurice, et fit, pendant son séjour d'environ un an, tout le bien qu'on peut attendre d'un prêtre auquel les langues les plus usitées du pays sont inconnues, et qui parle à des esprits égarés par la discorde. Aussi la congrégation marchait-elle à grands pas vers sa ruine. Heureusement pour elle, le saint-siége fut informé du triste état des choses par le révérend père Brady, missionnaire de l'île Bourbon, lequel, ayant touché au Cap à son retour en Europe, voulut bien être auprès de Sa Sainteté l'interprète des besoins et des vœux de la colonie. Sur ses représentations, le souverain pontife détacha la mission du Cap de celle de l'île Maurice, qui était hors d'état de lui fournir un seul prêtre, et il l'érigea en vicariat apostolique. Mgr Griffitz, du diocèse de Dublin, fut nommé vicaire apostolique du cap de Bonne-Espérance avec le titre d'évêque *in partibus* de Paleopolis. Sacré le 24 août 1837, il s'embarqua quelque temps après pour son nouveau diocèse, avec un petit nombre de prêtres et de religieux destinés à le seconder dans sa mission.

« Les nouveaux apôtres abordèrent au rivage africain le 14 avril 1838. On les reçut d'abord avec une certaine froideur, car l'abandon dans lequel était depuis longtemps laissée cette mission avait jeté les uns dans le découragement, les autres dans l'indifférence et l'apathie. Voici en quels termes s'exprime à ce sujet le vénérable prélat, dans une lettre qu'il écrivait, en avril 1841, aux membres du conseil de la propagation de la Foi :

« Vous dire en quel état je trouvai le presby-
« tère et l'église, serait retracer un tableau trop
« affligeant : figurez-vous un monceau de dé-
« combres; c'est là tout ce qui restait de la cha-
« pelle, car le bois et les matériaux de quelque

« valeur avaient été vendus... Nos premiers efforts
« eurent pour objet de retirer des mains de ceux
« qui en étaient dépositaires les vases sacrés et
« tout l'humble trésor de la mission. Ce qui n'é-
« tait pas tout à fait indispensable au culte fut
« immédiatement vendu, et avec le prix, qui
« s'éleva à trois cents livres sterling (vingt mille
« francs), je commençai la construction d'une
« nouvelle église. Elle est en voie d'achèvement;
« puissent vos pieuses libéralités m'aider à la
« finir ! »

« Ce vœu de notre vénérable évêque, continua le père Van der Brooken, s'est réalisé; et vous pouvez voir aujourd'hui notre petite église, notre cathédrale, comme nous l'appelons, tenir dignement son rang au milieu des édifices de la cité, et montrer triomphant sur son faîte le signe glorieux de notre rédemption.

« Dès les premières années de son épiscopat, Mgr Griffitz établit une mission permanente à Graham's-Town, district d'Albany (1838); l'année suivante, il en fonda une autre à Port-Élisabeth, ville importante du district de Vitenhagen, et enfin, en 1841, une troisième à George's-Town, chef-lieu du district de ce nom.

« En 1842, le prélat visita les trois missions qu'il avait fondées. L'œil humain, suivant son expression, n'y découvrait encore aucun sujet propre à exciter l'admiration; cependant son cœur trouva dans chacune d'elles de quoi se réjouir et se consoler. Voici en quels termes il rend compte de son voyage à George's-Town :

« Parti de ma résidence le 11 avril, je débar-
« quai, après treize jours de navigation, à Mossel-
« Bay, petit port éloigné de quarante milles de
« George's-Town. Je fis ce trajet à cheval, à tra-
« vers un pays hérissé d'obstacles et semé de
« précipices, par un chemin coupé çà et là de
« cinq ou six ruisseaux appelés *Brack-Rivers*. Ce
« sont autant de bas-fonds où la mer reflue,
« et que plus d'une fois mon cheval a traversés
« avec de l'eau jusqu'à la hauteur de la selle.

« Pour le voyageur qui l'observe à certaine
« distance, George's-Town offre un coup d'œil
« assez pittoresque; située dans une vaste plaine,
« au pied d'une haute montagne, cette ville est
« entourée comme d'une gracieuse ceinture par
« la fraîcheur de la végétation, avantage qu'elle
« doit moins à la fertilité du sol qu'à l'indus-
« trieuse culture des habitants. Mais, à mesure

« qu'on approche de son enceinte, le charme s'é-
« vanouit; l'aridité du désert reparaît là, comme
« dans le reste de la colonie. La cité, reine de
« cette oasis, n'est plus qu'un amas de bicoques
« couvertes de chaume, peintes en blanc et pré-
« cédées d'un modeste jardin. C'est dans une de
« ces cabanes que je trouvai le missionnaire. Une
« chambre assez spacieuse et disposée avec dé-
« cence formait le temple chrétien.

« Lorsque je vins à me rappeler que naguère
« il n'y avait dans cette localité ni prêtre ni cha-
« pelle, qu'à peine aurait-on pu y rencontrer, il
« y a quatre ans, un seul catholique, et que,
« dix-huit mois plus tôt, on n'avait pas même la
« pensée de rien entreprendre sur ce domaine
« exclusivement livré aux calvinistes et aux sau-
« vages, j'éprouvai une religieuse satisfaction à
« saluer la naissante église de George's-Town;
« je sentis que nous n'avions pas été jetés en vain
« dans ces solitudes sans limites, et je bénis la
« Providence d'avoir fourni les moyens d'étendre
« le règne de la foi au delà des régions civili-
« sées, de planter l'arbre de vie au milieu des
« ronces qui couvraient jadis la surface du dé-
« sert.

« Mais combien ma joie fut plus vive, quand
« j'aperçus au sein de la fervente congrégation
« plusieurs néophytes récemment tirés des liens
« de l'infidélité, et pleins de cette foi pure qui
« ne peut venir que d'en haut! J'ai eu moi-même,
« pendant mon séjour dans cette ville, le bon-
« heur de baptiser une jeune femme et son en-
« fant, auxquels j'administrai dans l'après-midi
« du même jour le sacrement de confirmation,
« ainsi qu'à deux protestants convertis et à quatre
« adultes déjà régénérés dans les eaux du bap-
« tême. Notre chapelle eût été trop étroite pour
« contenir la foule des colons, avides de con-
« templer, ce qui ne s'était jamais vu dans cette
« région isolée, un évêque administrant un sa-
« crement dont la plupart ignoraient même le
« nom. Il nous fallut donc choisir un local qui
« permît à tous d'y assister; l'école publique de la
« ville fut, ce jour-là, convertie en oratoire. C'est
« dans son enceinte qu'eut lieu une réunion bi-
« zarre d'hommes étonnés de se trouver au pied
« du même autel. Elle se composait de catholiques
« et d'anglicans, de luthériens et de calvinistes,
« d'indépendants et d'infidèles, d'Irlandais, d'An-
« glais, d'Allemands, de Hollandais, de Français et

« d'Italiens, de Cafres et de Hottentots, de blancs,
« de nègres et de mulâtres; on y remarquait
« aussi l'élite de la population de George's-Town;
« en un mot, la salle était pleine, à l'exception
« de la partie réservée, comme sanctuaire, à
« l'évêque et à son prêtre assistant. En voyant
« devant moi cette diversité de peuples, je me
« rappelai ces paroles d'une hymne de la Pen-
« tecôte, dont on pouvait faire en ce moment
« une juste application : *Notique cunctis genti-*
« *bus, Græcis, Latinis, Barbaris* ; je pouvais bien
« dire aussi, *simulque demirantibus* ; mais je
« n'oserais ajouter, *Linguis loquuntur omnibus.*
« Sous ce rapport notre insuffisance est vraiment
« déplorable. Un bon nombre d'auditeurs, sans
« doute, a compris les deux discours que j'a-
« dressai en anglais; mais la population de cou-
« leur, qui a besoin d'instruction, ne comprend
« que le hollandais, et cette langue m'est in-
« connue. Toutefois, l'imposant appareil de nos
« cérémonies, les vêpres chantées solennellement
« par les catholiques de la congrégation, le re-
« cueillement des néophytes confirmés, tout laissa
« dans l'âme des nègres une impression aussi
« heureuse que profonde. Elle ne tarda pas à

« porter ses fruits. Plusieurs d'entre eux embras-
« sèrent la foi peu de jours après mon départ;
« et, quant à nos pieux fidèles, ils conservent le
« souvenir de cette belle journée comme une
« douce consolation et comme un précieux en-
« couragement à la ferveur.

« Je me croirais aussi coupable d'une grave
« omission, si je ne payais mon juste tribut
« d'admiration au zèle, à la piété et aux travaux
« de mon excellent provicaire, le révérend père
« Devereux, qui a fait mûrir la moisson que je
« viens de recueillir, et si je ne rendais aussi
« témoignage aux infatigables efforts des caté-
« chistes et des interprètes qui l'ont aidé à pro-
« pager l'Évangile. »

« Le zèle et les travaux du digne collaborateur de Mgr Griffitz n'ont pas tardé à recevoir du saint-siége une récompense convenable à son mérite. Le souverain pontife ayant jugé nécessaire de diviser la colonie du Cap en deux vicariats apostoliques, l'un appelé des provinces Occidentales, dont le chef-lieu resterait à Capetown, et l'autre des provinces Orientales, dont le chef-lieu serait George's-Town, il a élevé Mgr Devereux à la dignité épiscopale, et lui a confié l'administration de ce nouveau diocèse. Enfin un troisième vicariat apostolique a été établi récemment dans les possessions anglaises de Port-Natal, que l'on peut considérer comme une dépendance de la colonie du cap de Bonne-Espérance. Mgr Allard, évêque de Samarie *in partibus*, et membre de la congrégation des missionnaires oblats de l'Immaculée Conception, a été nommé vicaire apostolique de Natal, et a fixé sa résidence à Pictermaritzburg. Il est secondé par plusieurs missionnaires français appartenant à sa congrégation.

« Telle est la situation actuelle de nos missions dans l'Afrique australe après vingt ans à peine d'existence. L'Église catholique y compte trois vicaires apostoliques et au plus vingt prêtres pour seconder ces prélats, dans une étendue de pays plus grande que la France, où sont disséminés sept à huit mille catholiques, sans compter ceux qui chaque jour demandent à le devenir; tandis que l'église prétendue réformée hollandaise compte trois cents ministres pour une population de soixante-douze mille partisans. Il y a de plus cent soixante ministres de différentes sectes protestantes, Anglais, Français, Rhénans, Prussiens, Écossais, Américains, dont on peut évaluer les prosélytes à vingt-cinq mille, la plupart Hottentots et appartenant à leurs établissements. Les païens indigènes, établis dans le ressort de la colonie, forment encore une population de quarante-cinq mille âmes; enfin il faut y joindre près de huit mille Malais mahométans. Je ne compte pas les tribus indépendantes placées en dehors des limites de la colonie, et chez lesquelles on pourrait avec fruit, j'en ai la conviction, répandre la semence de l'Évangile.

« Vous voyez, Monsieur, dit en finissant le père Van der Brooken, quel vaste champ à défricher et à cultiver s'offre ici au zèle des missionnaires catholiques; malheureusement, comme je vous l'ai déjà dit et comme vous en avez vous-même fait la remarque, ce qui nous manque, ce sont les ouvriers. Je n'accuse pas nos frères d'Europe, comme vous paraissiez le faire tout à l'heure, de délaisser cette portion du continent africain et de lui préférer les contrées plus lointaines de l'extrême Orient et de l'Océanie. D'ailleurs ce ne sont pas eux qui choisissent le théâtre de leur apostolat; ils vont là où les appelle la voix de leurs supérieurs et celle du vicaire de Jésus-Christ, qui connaît mieux que personne les besoins de l'Église militante, et qui sait dans quelle partie du monde il doit envoyer de préférence les soldats de la foi. Seulement, tout en gémissant sur notre insuffisance numérique, nous cherchons les moyens d'y suppléer, en nous faisant aider par ceux de nos néophytes qui montrent le plus de zèle, d'instruction et de dévouement. Déjà, dans les divers vicariats, on a réussi à former des catéchistes qui nous sont d'un grand secours pour l'instruction des fidèles et surtout des infidèles, dont ils connaissent mieux que nous-mêmes les habitudes et le langage. Plus tard, nous l'espérons, on parviendra, avec la grâce de Dieu, à élever à la dignité sacerdotale ceux de ces catéchistes qui auront montré des dispositions convenables et une véritable vocation. Ainsi les églises de l'Afrique australe pourront peu à peu créer un clergé indigène, qui leur permettra de ne pas compter uniquement sur les missionnaires européens. Déjà nous avons en vue quelques sujets sur lesquels nous fondons de grandes espérances. Je vous en citerai un, entre autres, parce que vous le connaissez : c'est le jeune Joseph Duplessis, précieux sujet, que j'aime comme un fils, et qui l'est, en effet, car c'est moi qui l'ai tenu sur les fonts de baptême et qui lui ai donné le nom de mon saint patron.

— Et je puis vous assurer, repris-je, qu'il vous aime aussi comme un père; il ne m'a pas exprimé son désir d'entrer dans les ordres sacrés; mais il est probable qu'il y faisait allusion, quand il m'a chargé de vous dire qu'il persistait plus que jamais dans les intentions que vous connaissez.

— Vous avez parfaitement raison. Ne vous a-t-il pas parlé aussi du projet qu'il avait formé de faire un voyage en Europe et surtout en France?

— Assurément il m'en a parlé; mais il a ajouté que l'accomplissement de ce projet tenait à certaines conditions indépendantes de sa volonté.

— Ce projet de voyage rentre dans celui qu'il a conçu d'embrasser l'état ecclésiastique; comme il vous l'a dit, tout cela est encore subordonné à ces conditions qu'il a mises en avant, et peut-être dépendra-t-il de vous, Monsieur, qu'elles trouvent leur accomplissement.

— De moi? m'écriai-je avec surprise; et comment pourrais-je contribuer à lever les obstacles qui s'opposent aux desseins de ce jeune homme?

— Cela, reprit le révérend père en souriant, c'est encore mon secret pour quelques jours ; mais je ne doute pas que, quand je vous l'aurai révélé, vous n'entriez parfaitement dans mes vues. »

Là-dessus le révérend père Van der Brooken me quitta, me laissant fort intrigué du secret qu'il devait me révéler bientôt.

CHAPITRE V

Préparatifs de départ. — Difficulté d'engager des domestiques hottentots. — Mon premier domestique Philip Willems. — Principaux objets qui composaient mes caisses de voyage. — Visite du père Van der Brooken. — Je trouve un compagnon de voyage et un nombre convenable de serviteurs. — *Tout chemin mène à Rome.* — Les projets de Joseph Duplessis. — Recrutement d'un nouveau domestique. — Composition définitive de notre caravane. — Tremblement de terre au Cap. — Détails sur ce phénomène. — Description de notre chariot de voyage. — Départ de la ville du Cap.

En attendant que le père Van der Brooken jugeât à propos de me faire part de son secret, je pressais avec activité mes préparatifs de départ. Une des plus grandes difficultés que je rencontrais, était de trouver des domestiques hottentots qui me convinssent pour mon voyage, ou à qui mon voyage convînt. Plusieurs, en effet, dont on m'avait garanti les bonnes qualités, ne voulaient pas dépasser les limites de la colonie, et redoutaient de parcourir le pays des Bosjesmans ou des Cafres; d'autres avaient de la famille, et ne pouvaient se décider à s'éloigner pour si longtemps de leurs femmes et de leurs enfants. Quelques-uns n'étaient effrayés ni de la longueur, ni de la durée du voyage; mais c'étaient des paresseux, des ivrognes, et même au besoin des voleurs. Enfin, après en avoir vu près de vingt, je n'en avais encore arrêté qu'un. C'était un des soldats du régiment hottentot qui fait partie des forces militaires du Cap. Son colonel, que j'avais connu chez le consul de France, me le désigna comme un homme bien capable de mener un chariot et des bœufs; c'était un métier qu'il avait déjà fait, et, en outre, il était allé autrefois dans le pays des Bachapins ou Matchapins, jusqu'au delà de la rivière d'Orange ou Gariep. Cet homme, ravi de pouvoir quitter le service pour mener un genre de vie plus en rapport avec ses inclinations naturelles, accepta avec joie les conditions que je lui proposai. Comme il n'avait ni famille, ni propriété d'aucune espèce, que son départ dût laisser sans protection, il se trouva en un instant prêt à me suivre. Aussitôt donc qu'il eut touché les légers arrérages de sa paie et reçu un congé d'un an, il dit adieu à ses camarades, dont plusieurs se fussent estimés heureux de partager son sort, et se hâta de venir s'installer dans ses nouvelles fonctions.

Il se nommait Philip Willems. C'était un homme gros et court, haut d'un mètre soixante centimètres à peine, grave et mesuré dans ses mouvements. Sa physionomie avait je ne sais quoi de mélancolique, et son teint était plus foncé que celui de la plupart de ses compatriotes. Philip cependant était un Hottentot pur sang; il paraissait avoir une trentaine d'années; son nez était aplati au point de faire sur sa figure une saillie moindre que celle de ses lèvres. Il avait le menton étroit et les mâchoires fortes, traits caractéristiques de sa nation, mais le front passablement élevé. Ses cheveux, qui avaient été récemment coupés, ne consistaient qu'en quelques très-petites touffes de laine noire, clair-semées sur le crâne. Il avait à peine de la barbe; une moustache courte et laineuse ornait seulement sa lèvre supérieure. Ses yeux, qui eussent été petits pour un Européen, étaient regardés comme grands chez un Hottentot; la prunelle en était d'un noir brillant, quoique la partie qui l'entourait fût d'un blanc jaunâtre, et ils annonçaient chez l'individu une sorte de finesse et de vivacité. Je me persuadai donc que j'avais rencontré un homme à la fois entendu et fidèle.

Comme il avait laissé au régiment son uniforme, son fusil et tous ses effets, mon premier soin fut de l'habiller des pieds à la tête. Il était aussi enchanté de son nouveau costume acheté chez un fripier, qu'un enfant peut l'être de vêtements neufs. Il me seconda avec intelligence dans mes nombreux préparatifs, principalement dans l'emballage des différents objets que je jugeai nécessaire d'emporter avec moi, et dont voici l'énumération sommaire. D'abord, plusieurs de mes caisses étaient remplies de grains de verre et de porcelaine, noirs, blancs, bleus et rouges; bagues, anneaux, bracelets dorés par le procédé Ruolz; mouchoirs de toile et pièces de calicots, les uns et les autres rayés de bleu; boutons de diverses sortes; tabac en feuilles, pipes de différentes formes, couteaux, amadou, briquets de poche, allumettes chimiques; miroirs, fil à coudre, aiguilles, fil d'archal, clous de toutes sortes, etc. etc. Tous ces articles étaient destinés à être offerts en présents aux chefs, ou à trafiquer avec leurs sujets. J'avais ensuite pour mes Hottentots une ample provision de vêtements confectionnés. Je m'étais pourvu de différents outils, tels que scies, marteaux, haches, cognées, vrilles, bêches et pioches. Mes armes et mes munitions consistaient en deux mousquets, deux fusils de chasse de Lepage, deux carabines rayées de Devismes, avec balles coniques et balles fulminantes, deux paires de pistolets, un revolver, un sabre, deux barils de poudre, des sacs de menu plomb de toutes les grosseurs, des moules à balles, du plomb et de l'étain en barres, et enfin une provision suffisante de capsules. J'avais en outre un petit appareil photographique, avec un assortiment complet de feuilles de verre et de papier convenablement préparé pour cet usage; j'y avais joint une boîte renfermant tout ce qui m'était nécessaire pour dessiner et pour peindre tant à l'aquarelle qu'à l'huile. Il ne me restait plus qu'à m'occuper de mes provisions de bouche; mais il fallait pour cela être fixé sur le nombre de personnes qui m'accompagneraient, et sur le jour précis de mon départ. Malheureusement le recrutement de mes compagnons de voyage n'avançait pas; j'avais chargé Philip de chercher, parmi les Hottentots de sa connaissance, à me procurer le nombre d'hommes dont j'avais encore besoin. Il visita plusieurs jours de suite les endroits de la ville où, selon lui, on avait meilleure chance de rencontrer ce personnel, c'est-à-dire les différents cabarets. Effectivement, les ignobles repaires où se débitent le vin et l'eau-de-vie sont communément encombrés de ces misérables créatures qui n'en sortent point tant qu'il leur reste quelque argent dans la poche. L'existence de ces bouges est une des causes qui s'opposent le plus à l'amélioration morale de ce malheureux peuple; mais, malgré les remontrances des ministres de tous les cultes, le gouvernement maintient ces établissements, qui sont pour lui une branche importante de revenus. Parmi tous ses compatriotes que Philip y rencontra, il n'en découvrit aucun qui pût entrer à mon service : non que la bonne volonté leur manquât pour nous suivre; mais les uns n'avaient pas les qualités que j'exigeais de ceux que je voulais prendre à mon service, et ceux qui les possédaient étaient retenus par des contrats légaux passés avec d'autres maîtres.

J'étais donc fort embarrassé, et je voyais arriver le moment où je serais forcé de me montrer moins difficile dans le choix de mes domestiques, quand je reçus la visite du révérend père Van der Brooken. A peine lui ai-je fait part de mon embarras, qu'il me dit en riant :

« Eh bien! j'arrive peut-être fort à propos pour vous en tirer.

— Quoi! répondis-je vivement, vous pourriez me procurer des serviteurs convenables?

— Je le pense, et de plus un compagnon de voyage avec qui vous pourrez causer plus agréablement qu'avec vos Hottentots. »

Je me rappelai aussitôt le secret dont m'avait parlé le révérend père relativement au jeune Joseph Duplessis, et je lui demandai si le compagnon qu'il me proposait n'était pas par hasard son filleul.

« Vous l'avez deviné, me répondit-il; eh bien! vous convient-il?

— Parfaitement, répondis-je, et je ne pouvais désirer mieux.

— Ce n'est pas tout, ajouta-t-il; il amènera

avec lui quatre ou cinq des serviteurs hottentots de la ferme de son père, et de plus celui-ci se charge de vous fournir un chariot de voyage et autant de bœufs qu'il en faudra pour traîner ce véhicule.

— C'est parfait, répliquai-je; et c'est là sans doute le secret dont vous me parliez l'autre jour? Seulement il me semble qu'il était question de la vocation du jeune Duplessis pour l'état ecclésiastique et d'un projet qu'il aurait formé de faire un voyage en Europe; vous me disiez que je serais à même de l'aider dans la réalisation de ce projet; or je vous avoue que je ne vois pas trop en quoi je pourrai lui être utile sous ce rapport, ni comment un voyage à travers la Hottentotie et le pays des Cafres devra le conduire en Europe; à moins que vous ne pensiez, ajoutai-je en riant, que j'ai l'intention de traverser l'Afrique du sud au nord, et de partir du cap de Bonne-Espérance pour aller en ligne directe jusqu'en Algérie, et de là en Europe.

— Non, non, je ne le pense pas, me répondit-il sur le même ton; mais tout chemin mène à Rome, dit le proverbe, et vous allez voir comment une excursion chez les peuplades sauvages de l'Afrique australe est une préparation nécessaire à notre jeune homme pour son voyage d'Europe. Je vous ai dit que Joseph montrait d'heureuses dispositions à entrer dans les ordres sacrés; mais, pour accomplir ce dessein, il a eu jusqu'ici plusieurs obstacles à vaincre. Le premier lui est venu du côté de sa famille; non que le père Duplessis élevât la moindre objection contre la vocation de Joseph; loin de là, il était heureux de voir un de ses fils embrasser l'état ecclésiastique; seulement il eût désiré que ce fût un des cadets plutôt que l'aîné, parce que celui-ci pouvait seul le seconder et le remplacer dans ses travaux. Mais comme la vocation ne se commande pas et que ses plus jeunes fils ne montraient nullement les goûts de leur aîné, le père Duplessis voulut du moins attendre, avant de donner son consentement à l'éloignement de Joseph, que ses frères fussent en âge de le remplacer, et qu'il eût marié sa fille aînée, ce qui lui donnerait encore un aide de plus dans la personne de son gendre. Maintenant ce mariage est décidé et doit se célébrer dans huit jours; deux des frères de Joseph ont atteint l'un dix-huit, l'autre vingt ans, et sont des jeunes gens intelligents et robustes; rien donc ne s'oppose plus au départ de mon bien-aimé filleul. Monseigneur notre évêque se propose de l'envoyer faire ses études ecclésiastiques au séminaire des Irlandais, à Paris; il faut obtenir pour cela une autorisation de monseigneur l'archevêque de Dublin, et des administrateurs de ce séminaire. Notre vénérable prélat est en instance pour cet objet auprès de qui de droit; mais il ne pense pas avoir une réponse avant un an. En attendant, il a pensé qu'il lui serait avantageux de visiter les diverses parties de la colonie et des environs, où il pourrait être un jour appelé à prêcher la parole de Dieu. Cette excursion le familiarisera avec les contrées et les peuples qu'il devra évangéliser plus tard; il se perfectionnera dans leur idiome, étudiera leurs mœurs, et pourra se faire à l'avance une idée des obstacles qu'il aura à surmonter. Si ces obstacles le rebutent, si à son retour il trouve la tâche au-dessus de ses forces, cette épreuve nous convaincra que sa vocation n'était pas aussi sérieuse qu'il le croyait lui-même, et nous serons les premiers à l'engager à y renoncer. Si, au contraire, il revient toujours pénétré des mêmes sentiments et des mêmes intentions, monseigneur et moi nous ferons tous les sacrifices possibles pour achever une œuvre qui serait en si bonne voie. Le voyage qu'il va entreprendre avec vous est donc une sorte d'épreuve qu'il va subir; j'espère que vous voudrez bien l'aider à en sortir avec honneur, et lui servir de mentor pendant tout le temps que durera votre excursion. C'est à quoi je faisais allusion quand je vous disais l'autre jour que vous ne seriez peut-être pas étranger à l'accomplissement des projets de ce jeune homme. »

Je répondis que j'acceptais avec joie les offres du père Duplessis; que je serais heureux d'avoir son fils pour compagnon de voyage; que je seconderais de tous mes efforts les vues de monseigneur et du révérend père Van der Brooken sur Joseph, et qu'il ne dépendrait pas de moi qu'il sortît de cette épreuve à son avantage et à la satisfaction des personnes qui s'intéressaient à lui.

Le révérend père me serra cordialement la main, et ne me dit que ces mots :

« C'était là ce que j'attendais de vous; maintenant je n'ai plus qu'à prier Dieu qu'il bénisse votre voyage et vous accorde un heureux retour. »

Deux jours après, je vis arriver chez moi le père Duplessis avec son fils qui me confirmaient ce que m'avait dit le révérend père Van der Brooken. Le fermier, après avoir examiné sommairement les malles et les bagages que je me proposais d'emmener, m'annonça qu'il m'enverrait un chariot dont la capacité suffirait pour tout transporter; il donnerait en outre à son fils deux chevaux de selle et deux de bât, et il le ferait accompagner par cinq de ses Hottentots choisis. Avec Philip, cela nous faisait six domestiques; ce nombre me parut convenable, et je ne m'occupai plus de recruter des hommes, ce qui m'avait donné tant d'embarras pendant plusieurs semaines. Cependant, au moment même où je prenais cette résolution, Philip m'annonça un de ses amis qui venait d'arriver en ville, et qu'il avait rencontré par hasard. C'était un de ses anciens camarades de régiment, qui, depuis deux mois seulement, avait cessé d'être soldat. Philip ne lui eut pas plutôt ouvert la bouche du voyage projeté, qu'il témoigna le plus vif désir d'être des nôtres. Je fis quelque difficulté, en disant que mon monde était au complet; le pauvre diable paraissait vivement contrarié, et me faisait de vives instances pour l'engager. Le père Duplessis et son fils, qui étaient présents, interrogèrent cet homme en hottentot, et, après une courte conférence, ils m'engagèrent à l'accepter, parce qu'il paraissait doué d'une activité fort rare chez les Hottentots, et de plus il était excellent tireur, qualité importante et très-précieuse pour la nature de notre expédition. Je me décidai à le prendre, et je n'ai pas eu sujet de m'en repentir. Il se nommait Stoffel-Speelnaan; c'était un grand amateur de voyages, et il avait visité presque tous les coins de la colonie. L'occasion de voir le pays au delà du Gariep, et un désir qu'il avait depuis longtemps conçu d'aller à Klaarwater, furent les grands motifs qui le décidèrent à nous accompagner.

Les Duplessis partirent, en m'annonçant que le surlendemain soir arriverait le chariot avec trois Hottentots, pour aider au chargement. Deux jours après, c'est-à-dire le lendemain du mariage de sa sœur, Joseph viendrait avec les chevaux et les deux autres domestiques. Le jour suivant fut définitivement fixé pour le départ.

Je n'ennuierai pas mes lecteurs des détails de mes préparatifs. Tout du reste se passa comme on en était convenu, et sans incident remarquable.

Cependant, l'avant-veille du jour où nous devions nous mettre en route, il arriva un événement que je crois devoir rapporter, quoiqu'il n'ait pas une relation directe avec mon voyage.

C'était le 2 juin. La chaleur était beaucoup plus forte qu'elle ne l'est d'ordinaire en cette saison, qui, on ne l'a pas oublié, est l'hiver dans ce pays-là. Un épais brouillard remplissait l'atmosphère, sans toutefois affaiblir en rien l'ardeur du soleil, qui dardait ses rayons avec d'autant plus de force, que l'air n'était pas agité par le moindre souffle de vent. Vers midi, j'étais dans ma chambre m'occupant de mes derniers apprêts de voyage : une partie de la garnison, qui était allée le matin faire l'exercice sur la Pointe-Verte, passait alors sous ma fenêtre, tambours et musique en tête, pour regagner la caserne, quand une explosion soudaine et violente ébranla toute la maison avec un fracas aussi assourdissant que l'eût été celui d'un canon tiré devant la porte de la rue. Trois à quatre secondes après, et au moment où je m'approchais de ma fenêtre pour chercher la cause de cette explosion, un autre bruit encore plus fort et plus aigu, pareil à un horrible coup de tonnerre, ébranla le bâtiment avec plus d'énergie que la première fois, et au même instant je sentis une commotion extraordinaire; au même instant aussi l'atmosphère fut troublée par une effrayante secousse.

Tous ces différents phénomènes se passèrent en quelques secondes, sans que le temps cessât d'être parfaitement beau, le ciel d'être parfaitement pur. L'air demeura tout à fait calme; seulement dans l'atmosphère était répandue une vapeur humide et basse, comme il arrive souvent par les grandes chaleurs. A la première explosion, je supposai naturellement qu'une des pièces de campagne qui passaient alors dans la rue avait éclaté par suite de quelque accident; mais la deuxième me paraissant trop violente pour n'être que l'effet d'un canon, l'idée me vint qu'un des magasins à poudre de la ville avait sauté, ou même que ce vacarme avait été produit par mes deux barils de poudre, que je n'avais pas encore chargés sur le chariot. Je me hâtai de sortir pour m'informer de ce qui était arrivé; et dès que j'eus mis le pied dans la rue, je vis tous les habitants se précipiter hors de leurs demeures, l'épouvante peinte sur les visages, et fuir en désordre dans toutes les directions.

A ce spectacle, je devinai qu'un tremblement de terre avait eu lieu, car je ne pouvais tirer aucune réponse des personnes que j'interrogeais, la peur les empêchait de m'entendre ou de me répondre. Aux gens nés dans un pays où ces convulsions de la nature sont fréquentes, un pareil événement peut, à la rigueur, ne causer qu'un trouble ordinaire; mais quand c'est pour la première fois de sa vie qu'on sent remuer le sol où l'on marche, ainsi que cela arrivait à la plupart des habitants du Cap, un tremblement de terre, avec tous les malheurs qui sont sujets à l'accompagner, ne saurait manquer d'exciter une vive alarme. En cette occasion tout le monde, après s'être élancé dans la rue, y resta plus ou moins longtemps immobile dans l'affreuse attente d'une catastrophe. Au bout de quelques heures, voyant qu'il ne survenait pas de nouveau choc, les habitants commencèrent à revenir de leur frayeur, la confusion générale diminua graduellement, et les groupes finirent par se disperser. Toutefois nombre de gens, n'osant pas encore reprendre possession de leurs foyers, apportèrent des siéges en plein air, et se tinrent le reste du jour assis dehors. Le temps se maintint très-beau jusqu'au soir.

Chacun, à la nuit, rentra chez soi, mais eut soin de ne pas quitter ses vêtements, afin d'être plus tôt prêt à sortir dans le cas où un autre choc arriverait avant le matin; et j'avoue que je suivis en cela l'exemple des autres.

Cette alerte passée, je ne songeai plus qu'aux derniers arrangements pour mon voyage, qui furent bientôt terminés. Le chariot annoncé par Duplessis arriva comme il me l'avait annoncé, avec un attelage de dix bœufs conduit par trois Hottentots. Le reste de la journée fut employé au chargement. Ce chariot était neuf, et ressemblait à tous ceux employés à de grands voyages dans la colonie. Il avait cinq mètres de long, et la largeur du fond était de quatre-vingt-cinq centimètres. La charpente qui supportait la capote était faite en bambous, et couverte d'abord de nattes hottentotes, puis d'une toile cirée, enfin d'une voile de navire. La hauteur, du fond du chariot au sommet de la capote, était d'un mètre soixante-quinze centimètres. Les côtés, qui avaient une élévation de soixante-six centimètres par devant, s'élevaient peu à peu de manière à en avoir une de quatre-vingt-cinq centimètres par derrière, et étaient peints extérieurement. Les planches du fond avaient dix centimètres d'épaisseur; les essieux, les roues et les pièces de bois qui les unissent, et qui constituent ce qu'on appelle le train, étaient solidement établis, et soigneusement ferrés et enduits de goudron; le timon a trois mètres trente-trois centimètres de longueur, et est muni par le bout d'un fort crampon de fer; à ce crampon s'attache par un crochet une longue corde faite de lanières de cuir cru tressées, et pourvues à distance convenable d'anneaux en fer dans lesquels s'emboîtent les jougs des bœufs. La capote est plus courte que le chariot, de façon à laisser par devant un espace découvert où il y a un siége pour le cocher. Celui-ci est toujours armé d'un fouet démesurément long, qui a bien dix mètres avec le manche, et qu'il fait néanmoins claquer avec aisance. Outre le cocher, dont le siége est regardé comme un poste d'honneur, puisque les fermiers eux-mêmes l'occupent souvent, il y a ce qu'on nomme le conducteur, qui porte une simple cravache, et dont les fonctions consistent à mener par la bride la première paire de bœufs; mais ce soin est toujours dévolu à des domestiques en sous-ordre.

Enfin Joseph Duplessis vint me rejoindre avec

ses deux domestiques et ses chevaux. Nous allâmes ensemble faire nos adieux au révérend père Van der Brooken, qui nous donna des lettres de recommandation pour les diverses missions catholiques que nous devions rencontrer. Le colonel du régiment, dont j'avais fait la connaissance, m'avait en outre obtenu du gouverneur une espèce, je ne dirai pas de passe-port, car on n'en connaît pas l'usage dans les colonies anglaises, mais de sauf-conduit, qui ordonnait aux autorités civiles et militaires que nous rencontrerions de nous prêter aide et assistance en cas de besoin. Ces préliminaires terminés, nous serrâmes de nouveau la main à nos amis, et nous nous mîmes en route.

CHAPITRE VI

Première halte. — Aspect d'un campement de Hottentots. — Station à Olyvenhout-Bosch. — Passage du Groote-Berg-Rivier. — Passage du Rosdezand's-Kloof. — Une ferme hollandaise. — Les instituteurs nomades. — La vallée de Roodezand. — Arrivée à Tulbagh. — Séjour. — La maison du ministre anglican. — Visite au landdrost de Tulbagh. — Départ de cette ville. — Arrivée à la ferme de Piat-Hugo. — Usage des fermiers à l'égard des domestiques hottentots. — Passage de l'Hex-Rivier-Kloof. — Arrivée à Buffels-Kraal; puis à la ferme de Pieter-Jacob.

Joseph Duplessis et moi nous précédions à cheval et à une petite distance notre chariot; il cheminait lentement à travers les dunes qui couvrent la partie méridionale de la baie de la Table. Après quelques heures de marche, nous parvînmes à un étang appelé *Zand-Valley*, et situé entre la montagne du Tigre et la baie. Comme c'est un endroit où les fermiers ont coutume de dételer, Joseph me conseilla d'y faire halte pour la nuit. Nous donnâmes jusqu'au lendemain liberté à nos bœufs, qui allèrent paître ou plutôt brouter parmi les buissons, tandis que les Hottentots allumèrent du feu avec une merveilleuse dextérité. Le soir, notre petite caravane m'offrit, à moi qui n'avais pas encore passé de nuit en plein air dans cette contrée, un spectacle tout à fait curieux et pittoresque. La nouveauté de la scène, la vue des Hottentots, leurs allures, leurs usages, ne cessèrent d'attirer mon attention. Ils paraissaient avoir repris alors leurs manières naturelles, et n'être plus contraints comme ils l'avaient été dans la ville du Cap. On voyait aisément que c'était le mode de vie qui leur convenait, et qu'ils se trouvaient complétement à leur aise au milieu des broussailles. Assis à terre près d'un feu bien flambant, ils passèrent le temps à causer et à fumer, tandis que la lumière, se réfléchissant sur les arbustes voisins et sur diverses parties du chariot, produisait les effets les plus fantastiques. Quand leur souper fut fini, ils cherchèrent à s'endormir, couchés les uns sous un buisson, dans les peaux de mouton qui leur servaient de manteaux; les autres près du feu; d'autres enfin sous le chariot, où des nattes les abritaient du vent.

Il avait été convenu avec le père Duplessis que nous ne voyagerions qu'à petites journées, afin que les forces de nos bœufs ne fussent pas épuisées avant d'avoir atteint Klaarwater. Quant à moi, je ne désirais rien tant que de parcourir avec lenteur le pays, pour être mieux à même de l'examiner.

Le lendemain, la journée fut très-belle; et dès huit heures du matin, quoique nous fussions alors en plein hiver, le thermomètre centigrade marquait treize degrés au-dessus de zéro; circonstance qui peut donner une idée de la douceur générale des hivers au Cap. Après avoir marché une couple d'heures, nous fîmes halte pour déjeuner sans qu'on dételât. Je ne pus m'empêcher d'admirer encore la promptitude avec laquelle nos Hottentots eurent allumé du feu et préparé leurs aliments. L'arbuste dit *buisson des rhinocéros*, dont était couverte presque toute la contrée que nous parcourions, est bien connu pour sa propriété précieuse de brûler, lorsqu'il est vert, aussi facilement que le bois le plus sec. Les arbustes que nous jetions tout entiers dans le foyer s'y enflammaient en un instant, et les grosses branches produisaient une forte chaleur. Quoiqu'il soit présumable que cette espèce de végétal contienne dans toutes ses parties une grande quantité d'huile inflammable ou de gomme résineuse, ces matières ne sont aucunement visibles à l'œil, et ne s'annoncent pas davantage à l'odorat pendant la combustion. Reprenant notre route, nous cheminâmes jusqu'à près de neuf heures du soir par un magnifique clair de lune. Nous fîmes halte dans un endroit appelé *Olyvenhout-Bosch* (bois d'oliviers), nom qu'il devait au genre d'arbres dont il est planté, lequel ressemble tellement à l'olivier d'Europe, que plusieurs naturalistes s'y sont mépris. Cet arbre atteint en Afrique de vastes dimensions, et son bois pesant et compacte conviendrait bien à l'ébénisterie.

Nous quittâmes Olyvenhout-Bosch à neuf heures du matin, et bientôt nous parvînmes sur la rive gauche du Groote-Berg-Rivier (c'est-à-dire grande rivière de la Montagne), à l'endroit où se trouve un bac. Ce bac appartient au gouvernement; mais il est affermé à un colon voisin, qui entretient continuellement des passeurs pour transporter les voyageurs d'une rive à l'autre. Après avoir traversé la rivière, nous cheminâmes jusqu'à la nuit, et nous gagnâmes la maison d'un propriétaire de vignes, où nous fûmes tous bien reçus. Le lendemain, ayant déjeuné avec la famille, nous poursuivîmes notre route jusqu'au soir à travers une campagne ouverte et pleine de bruyères. Nous fîmes halte parmi les broussailles dans un lieu solitaire, où une troupe de chacals ne cessa de hurler et d'aboyer toute la nuit, ce qui ne nous permit pas de fermer l'œil.

Le jour suivant, nous arrivâmes à sept heures du soir à l'entrée du Rosdezand's-Kloof, où nous fûmes obligés de camper, ne voulant pas nous hasarder dans ce passage ou défilé pendant la nuit. Un vent impétueux, qui soufflait à travers cette ouverture des montagnes, ne nous permit pas d'entretenir des feux, ni même de garder une bougie allumée dans le chariot, et nous obligea de rester dans les ténèbres jusqu'au matin. Dès que le jour parut, nous pénétrâmes dans la montagne, et commençâmes à gravir péniblement la route étroite de ce kloof. Vers le milieu, nous rencontrâmes un autre chariot qui descendait; je ne pus sans frayeur voir les roues du nôtre effleurer les bords du précipice pour faire place à l'autre, et j'admirai l'adresse avec laquelle les deux cochers hottentots, le nôtre et celui du char que nous rencontrions, surent diriger leurs bœufs, de manière à éviter toute collision. En une couple d'heures nous sortîmes enfin sains et saufs du passage, et nous arrivâmes peu après à une ferme de belle apparence où nous fîmes halte.

Les habitations sont très-clair-semées sur le sol de cette partie du pays. Cependant, s'il était convenablement cultivé, il est hors de doute qu'il pourrait nourrir une population beaucoup plus considérable. Mais un puissant obstacle s'opposera longtemps encore, dans ces régions, à l'accroissement du nombre des habitants : c'est l'immense étendue de terrain qui doit dépendre de chaque ferme dans une contrée comme celle-là, où les fermiers s'occupent exclusivement de l'éducation des bestiaux, et où l'herbe n'est jamais assez épaisse pour couvrir le sol. Il n'y a donc que les progrès de l'agriculture et le morcellement des propriétés qui puissent faire disparaître un tel obstacle.

Nous avions pris les devants, Joseph et moi,

pour nous présenter à la ferme avant l'arrivée de notre chariot. Nous mîmes pied à terre à quelques pas de la porte, et, après avoir donné nos montures à garder à un de nos Hottentots qui nous avait accompagnés, nous entrâmes au milieu des aboiements d'une douzaine de chiens. La maîtresse se leva de sa chaise à coussins, en nous priant de nous asseoir; Joseph porta la parole et expliqua l'objet de notre demande. Il n'était pas difficile, à sa manière de parler le hollandais, de le reconnaître pour un enfant du pays, ce qui était un moyen infaillible d'obtenir de tous les fermiers hollandais un accueil plus favorable qu'ils ne l'eussent fait peut-être à un étranger. Aussi la fermière nous reçut de son air le plus gracieux, et nous offrit immédiatement une tasse de thé; elle n'eut pas besoin de se déranger pour cela, car la théière était placée sur une table devant elle, et y restait toute la journée. Elle paraissait n'avoir pas d'autre occupation que de préparer cette boisson, seul genre de travail que semblaient lui permettre son énorme embonpoint et sans doute aussi son indolence. Tandis que Joseph s'entretenait avec elle, je m'amusais à regarder autour de moi. Auprès d'une autre table, était sa fille qui travaillait; dans une grande chambre voisine, on voyait deux servantes ou esclaves noires qui repassaient du linge, tandis que deux négrillons, à demi nus, se roulaient sans bruit au milieu de l'appartement.

Un instant après, le maître de la maison entra. C'était un homme d'une cinquantaine d'années, nommé Hendrick, véritable type du paysan hollandais, flegmatique, indifférent, grosse masse apathique; jamais le chapeau n'avait abandonné sa tête, ni la pipe sa bouche. Mon compagnon lui répéta ce qu'il venait de dire à la maîtresse, et le brave homme se contenta de dire que nous étions les bienvenus, et il nous serra silencieusement la main. Arrivèrent ensuite ses fils, hardis et forts jeunes gens; puis le précepteur; il fallut donner des poignées de main à tout ce monde. Mais ce précepteur demande une note particulière : c'était un ancien soldat anglais qui avait fini son congé. Moyennant un modique salaire, la nourriture, le logement et le blanchissage, il était chargé d'enseigner à ses élèves les premiers éléments de grammaire et de calcul; il devait aussi leur apprendre l'anglais, et, pour nous montrer les progrès que ses élèves avaient faits dans cette langue, il les engagea à parler entre eux en anglais. Avec la meilleure volonté du monde, ni Joseph ni moi ne pûmes rien comprendre à ce qu'ils disaient, et cependant nous entendions assez bien cette langue.

Un assez grand nombre d'instituteurs de ce genre, qui pour la plupart sont Européens, est répandu dans tout le pays, et j'en ai fréquemment rencontré. Le plus souvent leur savoir ne les aurait pas mis à même de gagner leur vie dans leur pays natal, en s'y livrant aux mêmes occupations; mais, lorsque le salaire dont se paient leurs services est si faible, on ne doit raisonnablement pas s'attendre à ce que des hommes possédant plus de science se risquent à embrasser un pareil état. Pendant l'exercice de leur profession, il peut leur arriver de parcourir les différents districts de la colonie, puisque leur séjour habituel en chaque maison n'est que de six à douze mois, et, dans ce temps si court, ils doivent s'engager à mettre leurs élèves en état de lire couramment, d'écrire avec facilité, et de compter sans faire d'erreur. Ils ne sont pas toujours payés en argent, car l'argent est fort rare dans les districts les plus éloignés, et ils reçoivent bon gré mal gré leurs appointements en bestiaux : aussi quelques-uns amassent-ils peu à peu de grands troupeaux, qui leur permettent enfin de se faire fermiers.

Après avoir parlé de la famille, il faut dire un mot de l'appartement, dont les murs blancs étaient décorés de portraits de Napoléon Ier, de Wellington, de l'empereur de Russie, du roi de Prusse, du roi Georges III. Hendrick était fier de ces portraits, parce que, dans sa jeunesse, il avait souvent entendu parler des originaux, et que le précepteur, qui prétendait les avoir vus, affirmait leur ressemblance. Pour moi, j'avoue qu'il me fut impossible de distinguer l'empereur Alexandre du vainqueur de Waterloo. Je n'oublierai jamais le visage olivâtre de Napoléon et l'expression bizarre de ses yeux, non plus qu'un tableau représentant Jonas sortant de la gueule de la baleine, d'où il était rejeté avec l'impétuosité d'une bombe lancée par un mortier. Il y avait un livre dans la chambre, il était orné d'un large fermoir en argent : c'était la Bible; elle contenait une mappemonde et quelques gravures. En regardant la mappemonde, le fils aîné nous montra l'Italie, qu'il prétendait être l'Angleterre, et le pédagogue confirma cette opinion, tenant beaucoup plus au nom qu'au lieu où était situé le pays; je ne crus pas nécessaire de me disputer pour cette question avec toute la race des Hendrick. Nous nous mîmes à table pour souper; on nous servit l'inévitable plat qu'on retrouve dans toutes les fermes du pays; c'était un ragoût de têtes et de queues de moutons, parmi lesquelles nageaient quelques légumes. Tout le monde, excepté moi, parut se régaler de ce mets; je me dédommageai sur le beurre, le lait et le pain, qui étaient excellents, ainsi que sur quelques poissons salés, et assaisonnés par un *smaaclykeeten* ou *bon appétit*, gagné à la fin d'une journée de fatigue. Hendrick nous fit la question accoutumée, si nous étions mariés; et, en apprenant que nous étions célibataires, il nous compara à l'éléphant solitaire obligé d'errer et de chercher seul sa nourriture dans les champs; puis on parla de taxes, sujet intarissable de conversation pour les fermiers du Cap; puis enfin on nous montra nos chambres en nous souhaitant un *slaap gerust*, un profond sommeil.

Au point du jour nous nous levâmes. La famille était sur pied, les bœufs attelés au chariot, les chevaux sellés; nous bûmes le café, nous donnâmes des poignées de main, et nous prîmes congé de nos hôtes.

Je suis entré dans quelques détails sur la ferme d'Hendrick, afin de donner à mes lecteurs une idée de ce qu'est une ferme dans ces pays, car toutes se ressemblent. Quelques-unes sont moins bien fournies sans doute; mais, comme les fermiers connaissent peu les besoins, ils n'éprouvent pas de privations. Un fermier nourrit son cheval, élève ses bestiaux, tue ses moutons, et de la peau se fait des vêtements : il ne porte pas de bas. Sa vie est toute monotone et apathique. Hendrick le fils mange, dort et fume tout comme Hendrick le père; le petit-fils imitera son père et son grand-père, et transmettra les mêmes habitudes à ses descendants.

En quittant la ferme d'Hendrick pour gagner Tulbagh, nous pénétrâmes dans un canton appelé *Roodezands* ou du Sable-Rouge. C'est une vallée qui a quarante milles de longueur en ligne droite, et plusieurs milles de large; la surface en est plane, mais on n'y aperçoit que peu de maisons, quoique pour la colonie ce district doive être regardé comme populeux. Chemin faisant nous eûmes à traverser la rivière Large, qui en cette saison est généralement basse, et divisée en plusieurs petits ruisseaux parallèles; après la chute des pluies, elle grossit au point de devenir infranchissable.

Ce ne fut qu'à la nuit tombante que nous atteignîmes Tulbagh, car nous avions laissé nos gens en arrière, et ils devaient venir nous rejoindre le lendemain à la ville. J'avais une lettre de recommandation pour le révérend M. Talbot, ministre anglican du lieu, et nous fûmes reçus par Sa Révérence avec une franche cordialité. Joseph Duplessis, à cause de sa position particulière, avait fait d'abord quelque difficulté d'accepter l'hospitalité chez un ministre protestant; il craignait peut-être que le docteur, venant à apprendre sa conversion, ne fît quelques tentatives pour le ramener à sa première religion.

« Ce n'est pas, disait-il, qu'il y ait le moindre danger que ses arguments fassent sur moi aucune impression; mais il est toujours désagréable d'avoir des discussions avec un homme qui vous donne l'hospitalité.

— Ne craignez rien, lui répondis-je; d'après ce qu'on m'a dit du docteur Talbot, c'est un homme qui ne s'occupe guère de prosélytisme religieux, et qui fait convenablement les honneurs de sa maison à tout *gentleman* qui le visite, sans s'inquiéter s'il est catholique, luthérien ou méthodiste. »

En effet, M. Talbot, pendant les trois jours que nous séjournâmes à Tulbagh, fut pour nous d'une prévenance et d'une amabilité parfaites. Il nous parla de ses voyages et des divers pays où il avait résidé, entre autres de Malacca, qu'il avait longtemps habité; il donnait, sans hésiter, la préférence à la colonie du Cap et à son presbytère de Tulbagh. Et de fait, sa condition nous parut pleine de douceur et de félicité; la maison du presbytère était non-seulement vaste, belle et commode, mais encore pourvue de magnifiques communs, contenant de vastes magasins, des étables remplies de bestiaux, des écuries renfermant des chevaux de selle, et jusqu'à un équipage de chasse; car le docteur occupait parfois les longs loisirs que lui laissait son ministère à chasser dans le voisinage le lièvre, le daim ou l'antilope. Ajoutons qu'à la maison attenait un immense jardin où les fruits et les légumes d'Europe se mêlaient aux fruits et aux fleurs de l'Afrique australe. Enfin la maison était meublée, sinon avec luxe, du moins avec un confortable élégant qui ne laissait rien à désirer, et mistress Talbot, avec ses deux filles, en faisaient les honneurs avec toute la décence et la roideur qui conviennent à des Anglaises bien élevées. Comme le révérend M. Talbot m'avait présenté à sa femme et à ses filles sous le titre de gentleman français, ces dames, sans doute pour me faire honneur, et peut-être aussi pour faire voir qu'elles savaient notre langue, ne cessèrent dès lors de m'adresser la parole en français. J'étais très-sensible à cette courtoisie; mais j'avoue que parfois j'en étais fort embarrassé, car elles écorchaient si bien notre langue, qu'il m'était souvent impossible de comprendre ce qu'elles me disaient, et par politesse je n'osais pas le leur témoigner.

Le lendemain de notre arrivée, je rendis visite au landdrost de l'endroit, en compagnie de M. Talbot. Ce magistrat, quand je lui eus communiqué mes projets et montré mon sauf-conduit du gouverneur, me proposa, dans la crainte que les forces de nos bœufs ne fussent épuisées s'il leur fallait traverser l'Hex-Rivier-Kloof et gravir les monts de Roggeveld, d'expédier des ordres aux différents fermiers de la route pour qu'ils me fournissent des relais, dont le prix est payé d'après une taxe fixée par les autorités. J'acceptai avec empressement cette obligeante proposition.

La ville de Tulbagh doit son nom à un gouverneur hollandais, qui mourut au Cap en 1771; elle est située à l'extrémité septentrionale de la vallée de Roodezands, dans un lieu qui, pour le charme de la position et la beauté du paysage, ne pouvait être mieux choisi; elle se trouve placée sur la grande route du Cap au nord-est de la colonie; malgré tant d'avantages, cette ville est loin d'avoir vu accroître le nombre de ses maisons et de ses habitants dans une proportion égale à celle de la plupart des autres villes et villages de la colonie. Je n'ai pas à en rechercher ici la cause; je constate seulement le fait.

En quittant Tulbagh, je demandai à Joseph ce qu'il pensait de M. Talbot, et si lui, quand il serait prêtre, il ne désirerait pas habiter un presbytère aussi agréable.

« M. Talbot, me répondit-il, me représente un honorable gentilhomme campagnard, mais ce n'est pas là l'idée que je me fais d'un ministre de l'Évangile; pour moi, si j'ai jamais le bonheur d'être admis dans le sacerdoce, je préférerais une simple cabane au milieu d'un kraal de Cafres ou de Hottentots, au somptueux presbytère de Tulbagh. »

Si mon jeune compagnon, pensai-je en moi-même, persiste dans ces sentiments, il aura convenablement subi son épreuve.

Nous rejoignîmes nos gens un peu avant midi, et notre petite caravane se mit aussitôt en marche. Après avoir parcouru un espace d'environ treize milles, nous atteignîmes sur les bords de Breed-Rivier la résidence d'un veld-cornet, nom que portent un certain nombre de magistrats inférieurs, chargés dans chaque district de faire exécuter les ordres des landdrosts, et spécialement de procurer des chevaux et des bœufs de relais aux voyageurs. En conséquence de l'ordre émané du landdrost de Tulbagh, nous y trouvâmes un attelage de douze bœufs, avec cocher et conducteur. Nous ne nous arrêtâmes que le temps nécessaire pour relayer, et avant de se remettre en marche Joseph donna ses instructions à Karl, le chef des domestiques hottentots qu'il avait amenés avec lui, pour qu'il conduisît nos propres bœufs par une route plus courte, praticable aux bestiaux, mais non aux chariots chargés, et nous rejoignît à la ferme d'un nommé Pieter-Jacobs, à trois journées de là.

Nous franchîmes la rivière sans accident, et une marche de quinze milles, dont une partie se fit après le coucher du soleil, nous conduisit à la ferme d'un nommé Piet-Hugo, où un nouveau relais nous attendait. Les gens de la maison se montrèrent envers Joseph et moi remplis d'attention et de politesse; et, comme l'heure du souper approchait, ils nous invitèrent à prendre place à leur table, mais ils se gardèrent bien d'offrir la moindre chose à nos gens. Les Hottentots, en effet, reçoivent rarement l'hospitalité le long de la route. Quelque généreux qu'un fermier pense devoir se montrer à l'égard d'un voyageur qui passe, ses domestiques, si ce sont des hommes de couleur, s'arrangent eux-mêmes comme ils peuvent. Telle semble être du moins la coutume générale de la colonie, quoique j'aie vu quelquefois des exemples du contraire.

Nous ne fîmes halte qu'une heure, parce que nous désirions profiter d'un magnifique clair de lune, pour arriver avec toute la diligence possible à l'Hex-Rivier-Kloof (passage ou défilé de la rivière des sorcières) avant que les inondations l'eussent rendu impraticable; car le temps à cette époque de l'année est, sinon toujours mauvais, du moins fort incertain. Nous fûmes assez heureux pour trouver guéable l'Hex-Rivier elle-même; si cependant elle eût été plus profonde de quelques centimètres, nous n'aurions pu sans danger nous aventurer à la franchir. Nous cheminâmes encore au delà l'espace de dix-neuf milles, et nous ne dételâmes qu'à deux heures après minuit à la porte d'un fermier qui devait nous fournir un relais. Comme personne n'était réveillé pour nous recevoir, nous dormîmes dans notre chariot jusqu'au jour, heureux de nous délasser enfin de nos fatigues, après une marche de quarante-huit milles (soixante-quatre kilomètres).

Le lendemain, le fermier nous fournit les bœufs et les chevaux de relais, et, me montrant les nuages qui s'amoncelaient au-dessus des montagnes, il nous engagea à poursuivre notre chemin le plus tôt possible, dans la crainte que la pluie, qui menaçait de tomber, ne nous interdît le passage du kloof ou défilé, et ne nous retardât plusieurs jours. Nous partîmes donc de bonne heure, et nous entrâmes bientôt dans le défilé en question, qui traverse avec beaucoup de sinuosités une chaîne de très-hautes montagnes. C'est par cette ouverture que l'Hex-Rivier précipite ses eaux, qui paraissent avoir creusé ce défilé pour s'ouvrir un passage jusqu'à la Breede, où elles vont se jeter. Comme notre route, si on peut lui donner ce nom, suivait le cours du torrent, nous eûmes plusieurs fois à le traverser, et souvent il avait un mètre de profondeur. Le chemin était jonché de grosses pierres, qui cahotaient le chariot à le briser s'il n'eût été solidement construit. D'énormes quartiers de rocs que les eaux de la montagne avaient arrondis en les roulant, et la profondeur des ravins, indiquent assez au voyageur que ce passage est souvent le théâtre d'immenses inondations qui entraînent tout ce qu'elles rencontrent devant elles. Au total, cependant, le kloof présentait une scène fort pittoresque. Ses flancs rocailleux, qui en de certains endroits paraissaient inclinés à un angle de quarante-cinq degrés, répétaient en échos le bruit du chariot, la voix des conducteurs, entremêlés de temps à autre par les cris aigus des babouins, dont les bandes nombreuses animaient la complète solitude du lieu. Parfois le bruit du courant ou la chute d'une cascade étouffaient les différentes clameurs dont les cochers se servaient pour stimuler les bœufs. Enfin partout de beaux arbres chargés d'un épais feuillage s'offraient aux yeux, et adoucissaient le caractère dur des rochers sourcilleux qui tantôt projetaient de grandes masses, tantôt formaient de vastes, solennels et sombres renfoncements.

Quand, après être sortis du défilé, nous eûmes encore parcouru un mille ou deux, nous fîmes halte dans une plaine, pour donner aux bœufs le temps de se reposer et de paître. Au bout d'une heure nous poursuivîmes notre route à travers ce qu'on appelle la vallée de l'Hex-Rivier, contrée longue et étroite qu'entourent de toutes parts des chaînes de montagnes, et où le sol était plus aride que du côté occidental du kloof. A nuit close nous dételâmes devant une ferme nommée *Buffels-Kraal*, où une veuve, qui en était propriétaire, nous reçut avec beaucoup de bienveillance. Elle avait un nombreux domestique; et sa maison, la meilleure à coup sûr de toutes celles que nous avions rencontrées depuis Tulbagh, annonçait une grande aisance. L'habitation de la veuve était située au bas des montagnes qui font la limite septentrionale de la vallée, et dont la cime était alors couverte de neige. De grands chênes plantés alentour ombrageaient les bâtiments, et montraient que cette ferme avait été établie depuis longues années. Elle produisait principalement du vin et du tabac, tandis qu'un jardin bien cultivé donnait en abondance des fruits et des légumes de toutes sortes. Ce fut là que nous fîmes notre provision d'eau-de-vie, de farine et de biscuit; et, quoique j'eusse déjà avec moi une bonne quantité de tabac, je la doublai, attendu que c'est une marchandise dont un voyageur dans cette partie du monde ne peut jamais trop emporter. Il fut amusant de voir l'ardeur que mirent mes Hottentots à charger le baril d'eau-de-vie, et l'allégresse qui brilla sur leur physionomie quand ils s'aperçurent de l'immense approvisionnement de tabac dont nous allions être munis. En ce moment ils auraient promis de me suivre au bout du monde.

Nous quittâmes Buffels-Kraal le lendemain à midi, lorsque notre nouveau relais de bœufs fut arrivé. Mon projet était d'atteindre ce jour-là la ferme de Pieter-Jacobs, où nous avions donné rendez-vous au reste de nos gens. C'était, à la vérité, une rude tâche, car la route, quoique unie, était sablonneuse, et nos bœufs n'avançaient que lentement. Un peu avant le coucher du soleil, les conducteurs voulaient faire halte pour la nuit; mais, comme l'eau manquait absolument en cet endroit, nous ordonnâmes de poursuivre jusqu'à la ferme de Pieter-Jacobs. Nous nous remîmes donc en marche, au grand regret de nos conducteurs; nous traversâmes au clair de lune un bizarre défilé dans une chaîne de collines rocailleuses. Il était étroit et pierreux; et, à la faveur d'une lumière incertaine, les flancs de rochers, aussi perpendiculaires que des murs qui renfermaient la route de droite et de gauche, donnaient au lieu en question un remarquable degré de ressemblance avec une large rue. Le bruit des roues qui retentissaient sur les pierres du chemin comme sur un véritable pavé, et l'ombre que projetaient le chariot et l'attelage sur ces espèces de murailles, contribuaient encore à tromper l'imagination. Il n'est donc pas étonnant que ce kloof ou défilé ait reçu le nom de *Straat*, mot qui signifie rue. Sa longueur est d'un peu plus d'un demi-kilomètre.

Poursuivant au delà notre route par une campagne unie, sablonneuse et découverte, nous passâmes près du lac Contraire, que les colons nomment *Verkeerde-Valley*. C'est une vaste nappe d'eau qui dans la saison pluvieuse a toujours un écoulement, mais qui demeure stagnante pendant le reste de l'année. On dit que le lac doit son nom à cette circonstance, que le ruisseau qui en sort coule dans une direction contraire aux autres courants de cette partie de la contrée. Il abonde en oiseaux aquatiques, principalement en canards, oies et foulques.

A dix heures du soir, après une marche de quarante kilomètres, nous arrivâmes enfin devant la porte de Pieter-Jacobs. Nous étions annoncés par nos gens, qui étaient arrivés de la veille; mais, comme on ne nous attendait que le lendemain, tout le monde était couché; personne ne se leva, qu'un Hottentot qu'avait réveillé le bruit de notre chariot en passant près de la hutte. Il nous indiqua l'endroit où nous devions dételer, et aida nos gens à ramasser du bois; car la nuit était froide, et nous avions doublement besoin de bois, d'abord pour nous réchauffer, ensuite pour faire cuire notre souper.

CHAPITRE VII

Séjour à Pieter-Jacobs. — L'autruche. — Paresse de nos Hottentots.
— Punition que je leur inflige. — Départ de Pieter-Jacobs. —
Défilé du Karro-Poort. — Le Grand-Karro. — Le Roggeveld-Karro.
— Une halte de Hottentots. — Rencontre de Makke-Boschesmans.
— Bœufs dressés à servir de monture. — Jeu du Kaartipel.

Le lendemain, dès que la famille fut levée, je remis à la maîtresse de la maison une lettre dont une de ses filles, mariée à Piet-Hugo, m'avait prié de me charger, et qui nous rendit tout le service d'une lettre d'introduction. La fermière et son mari nous reçurent avec la plus franche cordialité. Une autre de leurs filles, qui étaient encore au nombre de trois à la maison, nous apporta aussitôt une tasse de café à la crème avec une tartine de pain et de beurre. Le père semblait un digne homme, et, quoique la ferme n'annonçât pas une grande aisance, la famille paraissait cependant contente et heureuse. L'habitation était froide et mal exposée; on ne voyait alentour aucune trace d'art ou de culture; par derrière s'étendait une plaine inculte que bordaient de hautes montagnes rocailleuses; l'intérieur des bâtiments était divisé en deux pièces, servant l'une de chambre à coucher commune, l'autre de cuisine, qui toutes deux étaient misérablement meublées, et seulement éclairées par une petite fenêtre à laquelle manquaient la plupart des carreaux de vitres. Une négresse et une jeune Hottentote s'acquittaient des soins du ménage, tandis que les travaux plus rudes de la ferme étaient exécutés par un nègre et quelques Hottentots. Les filles, toutes trois jeunes et gaies, s'occupaient de leur instruction; c'est-à-dire qu'elles recevaient des leçons d'un de ces précepteurs nomades dont j'ai parlé. Celui-ci était né en Hollande; pendant sa jeunesse il avait servi dans les marines hollandaise et anglaise; depuis une trentaine d'années il exerçait la profession d'instituteur. C'était un grand parleur, assez pédant, qui ne manquait pourtant pas absolument d'esprit. Il pouvait se faire comprendre en anglais et en français; bref, ses connaissances paraissaient suffisantes pour faire l'éducation d'une famille de fermier.

L'autruche, le plus grand des oiseaux que l'homme connaisse, fréquente quelquefois les environs; et de la ferme, où nous demeurâmes plusieurs jours, j'eus un matin le plaisir de voir un couple de ces animaux qui traversait la plaine à quelque distance. Avec ma longue-vue je pus les examiner en détail, et, comme elles étaient les premières que je rencontrais à l'état sauvage, je les suivis longtemps des yeux. Les broussailles m'empêchaient de distinguer leurs hautes jambes, mais leurs corps noirs étaient distinctement visibles, et ces belles plumes, destinées peut-être à orner par la suite la tête de quelque élégante beauté, à onduler dans une salle de réception, flottaient alors au gré du vent du désert. Leurs longs cous et leurs têtes, comparativement si petites, qui dépassaient de beaucoup les broussailles comme deux grands bâtons, restèrent les dernières en vue, mais, grâce à leurs vastes et rapides enjambées, finirent bientôt par disparaître aussi. Comme ces oiseaux ne se tiennent jamais que dans de larges plaines découvertes, et que leurs têtes élevées au-dessus de tout leur permettent de découvrir au loin l'homme, qu'elles évitent avec la vitesse d'un cheval, il n'est pas facile d'en approcher sans être aperçu, ni de les tirer même à terre (on sait qu'elles sont tout à fait incapables de se servir de leurs ailes pour voler); cependant les fermiers leur ont fait autrefois une chasse si terrible, les tuant à toutes les époques de l'année, sans égard pour la saison où elles élèvent leurs petits, qu'on n'en trouve plus à présent que fort rarement dans les régions habitées de la colonie.

Comme la ferme de Pieter-Jacobs était à peu près le dernier endroit où je devais pouvoir renouveler mes approvisionnements, j'achetai de mon hôte, pour en charger mon chariot, un baril de vin, et quantité de pommes de terre, d'oignons et de poires sèches. Tous nos Hottentots, à l'exception de Philip, devinrent si paresseux pendant la durée de notre halte, qu'ils ne faisaient pas même le peu d'ouvrage qu'ils avaient à faire. D'après le conseil de Joseph, pour leur apprendre quelle serait leur punition en cas de paresse ou de désobéissance, je suspendis momentanément leurs rations d'eau-de-vie et de tabac, et j'eus le plaisir de trouver dans cette privation un vif stimulant de leur ardeur. En effet, quoique les Hottentots d'aujourd'hui ne ressemblent guère à ceux d'il y a cent cinquante ans, tels que les a décrits le voyageur Kolbe, leur goût pour l'eau-de-vie et surtout pour le tabac n'a pas changé, et ce qu'il dit à cet égard est encore aussi vrai que de son temps : « Les « hommes et les femmes ont une passion désor- « donnée pour le tabac. Un Hottentot aimerait « mieux perdre une dent que la moindre partie « de cette précieuse plante. Ils jugent mieux de « sa bonté que l'Européen le plus délicat. Le « tabac fait toujours une partie de leurs gages « lorsqu'ils se louent au service d'un blanc (1). »

Le lendemain, un peu avant midi, nous quittâmes la ferme de Pieter-Jacobs, et, après avoir marché quatre heures à travers un pays sauvage sans rencontrer aucune espèce d'habitation, nous parvînmes à l'entrée méridionale du Karro-Poort :

(1) Kolbe, *Reise an das Africanische Vorgebirge der Guten-Hoffnung* (Voyage au cap de Bonne-Espérance).

c'est le nom d'un défilé tortueux qui traverse la chaîne des Vitteberget ou *Montagnes Blanches*, et introduit le voyageur dans le Grand-Karro; là nous détclâmes les bœufs, et nous prîmes position pour la nuit près d'un petit cours d'eau, abrités par quelques arbres. Avant le coucher du soleil, nous fûmes rejoints par deux chariots de Hottentots de Klaarwater qui revenaient de la ville du Cap, d'où ils étaient partis quelques jours après nous; mais nos divers séjours leur avaient permis de regagner l'avance que nous avions sur eux. Chaque chariot contenait une famille, composée l'une de huit, l'autre de six personnes, hommes, femmes et enfants. Ils étaient allés vendre à la ville différents objets provenant de leur chasse ou de leurs trafics avec les tribus cafres des frontières. Ces objets consistaient en peaux de lion, de tigre, de léopard; des cornes de buffle, des œufs et des plumes d'autruche; des dents d'éléphant, d'hippopotame, etc. Ils rapportaient en retour de l'eau-de-vie, du tabac, des étoffes, différents articles de quincaillerie, de la poudre, du plomb, etc. Le chef de cette petite caravane me remit une lettre du landdrost de Tulbagh, qui m'engageait à nous réunir à eux afin de traverser avec plus de sécurité le pays des Boschesmans. Je ne demandais pas mieux ; car, outre le motif indiqué par le landdrost, je trouvais dans mes nouveaux compagnons des guides sur lesquels nous pouvions parfaitement compter. J'appris en outre avec plaisir que d'autres Hottentots de Klaarwater nous attendaient avec leurs chariots sur les frontières de la colonie ; de sorte que nous formerions, quand nous traverserions le pays suspect, une caravane assez respectable pour ne pas craindre les attaques des Boschesmans, ni même des partis cafres, qui, disait-on, s'étaient montrés de ce côté.

Une chaîne de montagnes d'une hauteur moyenne, appelée Bokkeveld, sépare le Grand-Karro des parties habitées de la colonie qui s'étendent au sud ; une autre chaîne beaucoup plus élevée (les Roggeveld) le limite du côté septentrional, et c'est dans celle-ci que se trouve le passage des monts Roggeveld. Tout à l'heure je dirai ce qu'on entend par karro.

Dès que les bœufs furent attelés, nous pénétrâmes dans le Karro-Poort ou *défilé du Karro*. Un grand nombre de ces arbres, appelés *karreehout* par les colons (c'est le *rhus viminale* des botanistes, espèce de saule), bordent les rives du ruisseau qui traverse ce défilé, et lui donnent un aspect assez agréable. Quoique le chemin y fût généralement uni, nous n'en sortîmes qu'au bout d'une heure. Nous arrivâmes alors au sommet du plateau, et devant nous se déroula une immense plaine que n'interrompait aucune éminence, et qui s'étendait devant nous à perte de vue et dans toutes les directions. C'est ce qu'on appelle le désert du Grand-Karro ou Karrou.

Karro ou *karrou* est un mot hottentot qui signifie aride, ou désert; il ne faut pas s'imaginer cependant que le Grand-Karro soit aussi aride que le désert de Saara, ou les autres déserts de l'Afrique du Nord. Cet immense plateau, dont on évalue la surface à un millier de milles carrés, n'est pas d'une aridité absolue, et il offre à différentes époques les phénomènes de végétation les plus singuliers. Le sol consiste en un mélange d'argile et de sable, plus ou moins imprégné de parcelles ferrugineuses; en été, il acquiert presque la dureté de la brique; alors la végétation disparaît, et il n'y a que les mésembryanthèmes et quelques plantes mucilagineuses qui résistent à la sécheresse, ainsi que les bulbes des liliacées et les racines de quelques plantes que la nature a protégées par une enveloppe de fibres ligneuses. Quand la saison commence à se rafraîchir, ces fibres, s'imbibant d'humidité, se gonflent et soulèvent l'argile, en sorte que le germe de la bulbe peut se développer : aussi, quand les pluies viennent à tomber, la végétation est prête ; et en peu de jours l'immense plaine se couvre d'un tapis de verdure ; quelques jours encore, et l'on voit se développer des milliers de grappes et de bouquets de fleurs. Les mésembryanthèmes et les gorteries déploient leurs corolles radieuses à couleurs ardentes. Le fond vert de la plaine devient tout bigarré. Toute l'atmosphère est embaumée ; dans les temps calmes, après le coucher du soleil, un air chaud et aromatique continue de s'étendre sur cette végétation brillante. A ce moment le Karro cesse d'être un désert. Des troupes de cigognes et d'antilopes descendent des hauteurs ; le colon échange les plateaux couverts de neige contre les gras pâturages printaniers de la plaine. Les habitants du Bokkeveld viennent s'établir dans l'ouest du Karro, auprès de ceux du Roggeveld ; on renouvelle connaissance, et l'on redevient voisin pour une saison. La surveillance des troupeaux est facile : aucune brebis ne s'égare, aucun bétail ne court risque de tomber dans les précipices; on n'a pas à redouter le lion, le tigre ou l'hyène, car il n'y a point de repaires pour ces animaux féroces; on ne craint pas davantage les épidémies : la végétation du Karro offre une pharmacie pour toutes les maladies d'animaux. Enfin, on ne connaît pas ici les querelles au sujet de la propriété; le désert est assez vaste et appartient à tout le monde; les prés émaillés de fleurs ont de quoi nourrir tous les troupeaux qui y arrivent. Malheureusement ce luxe que la nature prodigue au désert est de courte durée; la végétation n'y est dans toute sa magnificence que pendant un mois, à moins que des pluies inespérées ne viennent la prolonger encore. La force progressive des rayons solaires et l'accroissement des jours flétrissent promptement la parure végétale du sol; les fleurs tombent, les tiges se dessèchent; l'écorce de la terre, en se durcissant, étouffe les nouveaux germes; les troupeaux ne trouvent plus de pâture. Les rivières se réduisent; les sources donnent à peine un petit filet d'eau; elles finissent par tarir, et avertissent le colon qu'il est temps de regagner les plateaux des montagnes. Quelquefois il tarde encore, et les brebis, habituées à la soif, se nourrissent des feuilles succulentes des mésembryanthèmes et d'autres plantes de ce genre. Cependant peu à peu on abandonne le Karro, qui redevient bientôt un désert. La verdure a disparu : s'il reste encore des plantes (*atriplex albicans, galenia africana*, plusieurs espèces de *pelargonium*, de *polygala, salsola,* etc.), elles se revêtent d'une teinte grise ; une poussière noirâtre, cendre des végétaux desséchés, couvre un sol dur et rougeâtre; elle sert l'année suivante d'engrais aux jeunes plantes, dont la semence repose dans cette couche de plantes brûlées.

Dans presque toutes les parties du Karro les routes sont fort belles, quoiqu'elles ne consistent qu'en une ligne de terrain que les chariots, en passant et repassant, ont dépouillée de broussailles et de plantes; mais le sol argileux, nivelé et amolli par de fréquentes pluies d'orage, durci ensuite et comme cuit par la chaleur du soleil, forme une surface solide sur laquelle les roues d'un chariot, que huit bœufs traînent aisément, laissent à peine des traces. Aussi nous ne mîmes que trois journées à traverser cette immense plaine, en marchant, il est vrai, une partie de la nuit; mais la sèche atmosphère du Karro était si complétement dégagée de vapeur, qu'une multitude infinie de brillantes étoiles nous éclaira autant que nous en avions besoin, et suppléa à la clarté de la lune, alors dans son dernier quartier.

Enfin, après trois jours de marche, nous atteignîmes, à neuf heures du soir, le pied d'une montagne ou colline appelée *Hangklip*, où nous campâmes pour la nuit. C'était la première éminence que nous rencontrions depuis Karro-Poort; ce n'était pourtant pas encore la fin du Grand-Karro, mais c'était le commencement de la partie de ce désert plus accidentée que celle que nous venions de parcourir, et qu'on appelle Roggeveld-Karro. Tandis qu'une partie de nos gens s'occupaient à dételer les bœufs, les autres ramassaient du bois, ce qui, dès qu'on fait halte, est toujours la première chose à quoi songent les Hottentots. Pour cette besogne, il n'est pas nécessaire que leur maître leur donne aucun ordre; c'est un devoir qu'ils n'oublient jamais de remplir. En hiver comme en été, un feu semble leur être également nécessaire; ils ne peuvent s'asseoir qu'autour du feu. Ceux qui nous accompagnaient se formèrent en deux groupes près d'un pareil nombre de brillants foyers, et chacun, prenant un air effaré, se mit à faire rôtir sa tranche de viande. Lorsqu'elle fut cuite ou à peu près, la prenant avec sa main, chacun commença et finit son repas sans paraître beaucoup gêné par le manque de fourchette, d'assiette ou de table; ce furent les dents qui firent presque tout l'office du couteau; et les jambes, les bras, les pieds qui étaient nus, tinrent admirablement lieu de serviette, car ils semblaient fort jaloux de ne pas perdre la moindre graisse. Cette coutume, si sale qu'elle puisse paraître, peut être défendue par un Hottentot avec de solides arguments; car l'expérience a enseigné aux hommes de sa race, comme à d'autres peuples en différentes parties du globe, que le mode le plus facile et le plus efficace pour préserver le corps des effets d'un soleil brûlant, est d'oindre la peau de graisse. Ces réunions nocturnes autour des feux m'offraient toujours un spectacle pittoresque, et les bœufs, couchés près des chariots, donnaient à la scène je ne sais quel air de la vie pastorale, tandis que, grâce à nos chiens fidèles, qui ne cessaient d'aller et de venir, nous avions la sécurité et la confiance qu'aucun péril ne nous approcherait la nuit sans être aperçu à temps. Les animaux carnivores n'avaient pas encore troublé notre sommeil; et, quoiqu'il ne fût pas présumable que nous en rencontrassions beaucoup avant d'atteindre les frontières de la colonie, nous jugions néanmoins prudent de nous tenir sur nos gardes, et de ne pas laisser nos bœufs s'éloigner à une trop grande distance.

A partir de Hangklip la route devient plus pénible, surtout à cause de la rareté de l'eau, qui faisait beaucoup souffrir nos bestiaux. Nous avions aussi souvent à monter et à descendre des collines, ou à traverser de vastes plaines sablonneuses et stériles. Le troisième jour après notre départ de Hangklip, un peu avant la tombée de la nuit, nous vîmes deux hommes, montés sur des bœufs, s'approcher de nous au galop; c'étaient des Boschesmans qui appartenaient à un kraal situé près de la rivière de Zak. Les habitants de ce village vivaient en bonne intelligence avec les fermiers des environs, qui, en conséquence, leur avaient donné le nom de *Makke - Boschesmans*, expression pittoresque qui peut se traduire par *hommes des bois apprivoisés*. L'un d'eux, qui était capitaine de sa horde, portait à la main l'insigne de son autorité, un bâton d'environ un mètre trente centimètres, garni à l'un des bouts d'une plaque de cuivre, sur laquelle étaient gravés quelques mots indiquant que le personnage avait été élevé à cet honneur par le gouverneur de Caledan. Un grand nombre de bâtons pareils a été, aussi bien par les Anglais que par les Hollandais, distribué à des chefs hottentots, ou à d'autres tribus alliées; ces insignes, avec l'influence qui en dépend, sont transmis de père en fils par droit d'héritage, et ceux qui les possèdent sont toujours reconnus non-seulement pour chefs par leurs tribus particulières, mais encore pour représentants légaux de ces tribus par les autorités coloniales.

Les deux Boschesmans nous dirent qu'ils étaient allés, de la part des fermiers qui résidaient sur la rivière de Zak, porter une lettre au landdrost de Tulbagh, demandant secours et protection contre un corps de Cafres qui menaçait de les attaquer. Le capitaine revenait alors avec la réponse du landdrost; mais, en cet endroit, il déviait un peu de sa route directe pour aller reprendre une monture que lors de son premier passage il lui avait fallu laisser en chemin, parce qu'elle était trop fatiguée. Après nous avoir donné ces détails et promis de nous rejoindre le jour suivant, ils nous quittèrent au grand trot, et nous les perdîmes de vue en quelques instants.

Les bœufs, comme ceux qu'ils montaient, sont généralement dressés lorsqu'ils n'ont encore qu'un an. La première cérémonie est de leur percer le nez pour recevoir la bride; à cet effet, on les renverse sur le dos et on leur pratique, à travers le cartilage qui sépare les deux narines, une fente assez large pour pouvoir y passer le doigt; on insère dans ce trou un fort bâton dépouillé de son écorce et fourchu par un des bouts, de manière qu'il ne ressorte pas; on y attache, à chacune des extrémités, une lanière de cuir, assez longue pour faire le tour du cou et servir de guides; et une peau de mouton garnie de sa laine, étendue sur les reins de l'animal, avec une autre peau pliée en trois ou quatre et fixée au moyen d'une sangle qui passe plusieurs fois sous le ventre, constituent la selle; on y ajoute souvent une paire d'étriers, qui consiste en une simple courroie munie à chaque bout d'un nœud coulant et jetée en travers de la selle; d'ordinaire les nœuds sont écartés par un morceau de bois, pour que le pied ait un point d'appui plus commode.

Quand le nez de l'animal est encore douloureux, on le monte et l'on commence son éducation, et, en une ou deux semaines, il contracte ordinairement l'habitude d'obéir à son cavalier. La facilité et l'adresse avec lesquelles les Hottentots manient les bœufs ainsi dressés, a souvent excité mon admiration; ils vont, à la volonté de leurs maîtres, le pas, le trot, le galop; et comme ils ont les jambes plus longues, comme ils sont plus légers que ceux d'Europe, ils cheminent avec plus d'aisance et de promptitude, faisant au pas trois à quatre milles par heure, cinq au trot, et sept à huit au galop en cas de besoin.

Le capitaine boschesman nous rejoignit le lendemain dans l'après-midi, accompagné de quatre autres individus parmi lesquels était son père, petit vieillard qui possédait encore autant de vigueur que le fils. Tous étaient montés sur des bœufs; ils parurent charmés de notre rencontre et confiants en la bienveillance de nos intentions à leur égard. Cette race d'hommes m'avait été peinte sous les plus hideuses couleurs, et je devais m'attendre à ne trouver qu'une réunion d'êtres sans raison ni intelligence; aussi fus-je enchanté de reconnaître qu'on pouvait les juger avec moins de rigueur, et de voir que les premières personnes de cette nation avec qui le hasard nous mettait en rapport n'étaient dénuées ni de politesse ni de bon sens; il est vrai, et il ne faut pas l'oublier, que ceux-ci étaient *apprivoisés*; tous avaient la taille petite, haute à peine d'un mètre soixante-six centimètres; et leur costume était en partie national, en partie imité de celui des colons. Ils passèrent avec nous la journée suivante, et continuèrent leur route le lendemain, pour rendre à ceux qui les avaient envoyés la lettre dont ils étaient porteurs.

Nous-mêmes nous poursuivîmes notre chemin. Nos Hottentots, que jusqu'alors j'avais rarement vus pressés de se remettre en marche, firent ce jour-là les préparatifs de départ avec une activité inouïe. Loin qu'il fallût, comme à l'ordinaire, leur réitérer sans cesse l'ordre de travailler, leur besogne se trouva faite avant même qu'on la leur eût commandée. C'était, il faut bien le dire, non une réforme soudaine, mais l'impatience de rattraper le corps principal de leurs compatriotes, qui, avions-nous appris, n'avait plus qu'un jour d'avance sur nous. Nous eûmes à franchir ce jour-là deux montagnes assez difficiles à gravir, le Goudsbloem's-Hoogte et le Wind-Heuvel; et il fallut toute la force de nos bœufs, toute l'adresse de nos conducteurs, pour que les chariots parvinssent au faîte sans accident. Vers le haut nous fîmes halte quelques moments à une hutte où résidait alors un colon qui faisait paître ses troupeaux alentour, et notre petite caravane s'y recruta de plusieurs Hottentots de Klaarwater qui nous y attendaient. La descente de Wind-Heuvel offre une pente très-douce, qui nous dédommagea des fatigues de la montée opposée. Après une marche de quelques milles, nous campâmes pour la nuit près d'une hutte qui non-seulement était déserte, mais encore en ruines.

Nos gens, dont la petite troupe se trouvait augmentée par la rencontre qu'ils venaient de faire sur le Wind-Heuvel, invitèrent en outre quelques bergers qui passaient à prendre place autour de leurs feux, et employèrent la soirée, ainsi qu'une partie de la nuit, à manger, à rire, à fumer, à causer, à jouer. Dans un des groupes, un jeu très-singulier, mais inintelligible pour moi, et qui amusait beaucoup et les joueurs eux-mêmes et tous les spectateurs, attira mon attention. Ils l'appelaient *kaartspel*, c'est-à-dire jeu de cartes, nom aussi impropre que possible, comme on va le voir. D'abord aucune carte ne figurait dans ce jeu. Deux Hottentots, assis à terre l'un en face de l'autre, vociféraient, avec l'air de possédés, certaines expressions consacrées de leur langue, poussaient de violents éclats de rire, jetaient leur corps à droite et à gauche, remuaient les bras dans tous les sens, tantôt rapprochaient les mains et tantôt les séparaient vivement; les levaient tantôt et tantôt les baissaient toutes deux, les fermant quelquefois, et l'instant d'après les présentant ouvertes à leur adversaire. Souvent, dans la chaleur qui les animait, ils se trouvaient à genoux par un bond subit, puis retombaient aussitôt sur terre; et tout cela se faisait d'une façon si vive, si étrange, si extraordinaire, qu'il était impossible, après avoir longtemps suivi leurs mouvements, de découvrir la nature de leur jeu, ni d'apprécier sur quel principe il était fondé; pas plus qu'une personne qui ignorerait la marche des échecs ne pourrait comprendre les évolutions que deux joueurs font exécuter aux pièces sur un échiquier. J'appris enfin, par Joseph Duplessis, qu'il s'agissait de tenir caché dans une des mains un petit morceau de bois, mais si adroitement que l'adversaire ne puisse, lorsqu'on les lui présente l'une et l'autre, dire celle où il est. Quand le joueur qui devine a deviné juste un certain nombre de fois, il a gagné la partie; et c'est alors son tour de cacher le morceau de bois, qui passe successivement de l'un à l'autre une partie de la nuit, et jusqu'à ce que les joueurs soient épuisés de fatigue. C'est, comme on le voit, un jeu fort simple et fort innocent; mais reste toujours la question de savoir pourquoi ils l'appellent *jeu de cartes.*

CHAPITRE VIII

Le veld-cornet Gerrit-Swyman et son habitation. — Passage des derniers défilés du Roggeveld. — Sortie des limites de la colonie. — Réunion avec une caravane de Hottentots de Klaarwater. — Rencontre de quelques Cafres. — Traversée du Nieuweld. — Embarras du chasseur Speelman pour se servir d'un fusil à piston. — Sa chasse heureuse avec un fusil à pierre. — Les œufs d'autruche. — Campement sur les bords du Zak. — De nouvelles familles hottentotes se joignent à notre caravane. — Voyage à travers le pays des Boschesmans. — Rencontre de plusieurs individus de cette race. — Origine, mœurs et usages des Boschesmans.

Nous ne quittâmes notre station du Wind-Heuvel qu'à une heure très-avancée de l'après-midi, et nous cheminâmes par une contrée assez unie, mais dépourvue d'eau, jusqu'à l'habitation d'un veld-cornet, nommé Gerrit-Swyman, auprès de laquelle nous ne parvînmes qu'au milieu de la nuit. Tout le monde était endormi; nous fîmes dételer, allumer du feu, nous soupâmes, et chacun se livra au sommeil sans réveiller personne de la maison.

Le lendemain, quand le jour parut, nous vîmes devant nous une misérable demeure, qui nous parut bien chétive pour la résidence d'un magistrat. C'était une petite hutte, basse et oblongue, construite avec de gros quartiers de rocs, mal couverte en roseaux et en herbes marécageuses, qui pour toute croisée n'avait qu'une étroite ouverture fermée en place de vitres par un morceau de toile blanche, tandis que la porte n'était qu'à moitié close par une méchante natte de joncs. Le dedans correspondait au dehors, car on n'y voyait pour tout mobilier qu'une table et trois tabourets. Près de cette hutte étaient deux autres bâtiments séparés, qu'on aurait pu prendre à peu de distance pour des meules de foin. L'un servait de magasin ou de grange, et l'autre de cuisine. Dans celle-ci, le feu se faisait au milieu, à terre, et la fumée s'échappait par la porte ou à travers les jours de la toiture; aussi les parois de l'intérieur, par suite de cette fumée qui toujours y demeurait longtemps, étaient-elles revêtues d'une épaisse couche de suie brillante. Non loin de l'habitation, sur le *werf*, comme s'appelle l'espace immédiat qui entoure une ferme, était un nombreux troupeau de moutons parqué au milieu d'une enceinte de branches d'acacia. On n'apercevait pas d'arbres d'aucune autre espèce; mais ceux-ci formaient un joli rideau le long d'une petite rivière qui coulait près de la maison, et qui était alors remplie d'une eau excellente.

L'extérieur des habitants du lieu était en parfaite harmonie avec l'habitation. Rien, par exemple, n'allait mieux avec la cuisine, que les sales Hottentots qui étaient assis autour du feu. Le veldcornet lui-même était, il est vrai, un peu plus proprement vêtu; toutefois le style de ses habits, de même que de sa demeure, indiquait son peu d'ambition. Dès notre réveil, il vint à notre chariot nous souhaiter le bonjour et nous emmena, Joseph et moi, dans sa maison, où sa femme, dont la propreté rigoureuse contrastait singulièrement avec l'ignoble saleté des domestiques, nous servit aussitôt à déjeuner.

Comme tous les fermiers du Roggeveld, car il était fermier en même temps que veld-cornet,

Swyman ne possédait que des moutons et des chevaux. Ses moutons s'élevaient au nombre de plus de deux mille, sans compter les agneaux; mais il nous dit qu'un pareil troupeau n'était pas ordinairement regardé comme nombreux, et qu'un fermier qui en avait un de cinq mille têtes passait à peine pour riche. Ce district produisait peu de grains, les colons et leurs gens ne sont accoutumés à se nourrir presque que de mouton. J'avais pourtant compté acheter de la farine dans ce pays, et c'était principalement pour cet objet que nous nous étions arrêtés à la résidence de Swyman. Lui-même manquait de cette denrée, et depuis quelque temps, à son grand regret, il était obligé de manger des pommes de terre en place de pain. Cependant, en sa qualité de magistrat, il me remit un ordre qui enjoignait à plusieurs colons, résidant sur la route que nous devions parcourir, de nous fournir pour de l'argent la quantité de farine dont nous avions besoin, ainsi que des relais pour nos chariots.

Grâce à cet ordre que les fermiers s'empressèrent d'exécuter, nous pûmes franchir en deux jours les derniers défilés du Roggeveld, et nous procurer un supplément indispensable de vivres.

Quand nous fûmes redescendus dans la plaine nous congédiâmes les relais, et, sans nous arrêter plus que le temps nécessaire pour atteler nos propres bœufs, nous poursuivîmes avec rapidité notre voyage, car la route était unie et libre de tout obstacle. Dès lors nous avions définitivement quitté la partie habitée de la colonie, et dit peut-être un éternel adieu aux hommes blancs, de qui nous ne devions plus attendre aucun secours.

Après huit jours de marche dans un pays désert, nous arrivâmes, sans accident remarquable, sur les bords d'une petite rivière appelée la Korrie. Là nous attendait le gros de la caravane des Hottentots de Klaarwater, qui nous précédaient depuis longtemps. Ils étaient sous la conduite d'un chef ou capitaine nommé Berends, et nous devions traverser tous ensemble le pays sauvage et désert des Boschesmans. Nos nouveaux alliés avaient huit chariots, un nombre proportionné de bœufs, plusieurs chevaux et un troupeau de moutons assez considérable. Ils étaient armés de mousquets pour la plupart, et portaient généralement des jaquettes et des culottes soit de laine, soit de peau de brebis tannée, avec des chaussures de cuir cru. Plusieurs avaient des chemises de coton et des chapeaux confectionnés les uns et les autres dans la colonie; cependant le *kross* ou *koross,* ce vêtement national dont j'aurai occasion de parler souvent, se voyait encore sur le dos de la majeure partie des hommes et des femmes. Celles-ci avec leurs enfants formaient un tiers de la troupe. Les plus jeunes de ces derniers étaient à moitié nus; mais les mères étaient toutes habillées avec décence, quelques-unes portant des robes et des tabliers d'indienne ou de cuir faits à la mode hollandaise. Maris et femmes, tous avaient la tête étroitement serrée dans un mouchoir de calicot de couleur. Tous, en outre, car ces Hottentots étaient de race mêlée et visitaient souvent la colonie, parlaient avec aisance la langue hollandaise.

Il y avait aussi sur les bords de la même rivière une troupe de cinq Cafres avec leurs femmes. Ces hommes, qui avaient près de deux mètres de haut, étaient robustes et bien proportionnés; mais, à l'exception d'un manteau de cuir, ils ne portaient aucune espèce de vêtements: circonstance tout à fait particulière, autant que j'ai pu le remarquer par la suite chez les Kosas ou Cafres qui habitent le côté oriental de la colonie. Leurs corps et leurs kross étaient complétement peints en rouge avec de l'ocre mêlé de graisse. Ils vinrent à nous d'un air dégagé de toute timidité servile, et nous parlèrent d'un ton fier et mâle. Avec sept autres de leurs compatriotes qui étaient restés près de la Zak, ils avaient, nous dirent-ils, quitté leur kraal sur le Gariep pour venir acheter du tabac dans la colonie. Nous fûmes assez surpris de rencontrer à l'improviste quelques-uns précisément de ces hommes dont on nous avait souvent menacés depuis le commencement de notre voyage, et qui peut-être étaient des espions envoyés pour découvrir quelle était notre force. Nous leur reprochâmes d'avoir formé le dessein d'attaquer les colons de la frontière, et nous-mêmes quand nous traverserions le pays des Boschesmans, et nous les menaçâmes d'une chaude réception de notre part, dans le cas où ils s'aventureraient à exécuter leur projet. Les cinq personnages protestèrent aussitôt avec chaleur contre la fausseté des rapports qui nous avaient été faits, les attribuant à la malice et à la jalousie des Boschesmans, avec lesquels ils étaient depuis longtemps en guerre. Puis, prenant une voix hypocrite et mielleuse, ils devinrent les plus importuns mendiants à qui j'eusse jamais eu affaire. Tout ce qu'ils voyaient, tout ce qu'ils croyaient devoir leur être de quelque utilité, ils me le demandaient. Tantôt c'était du tabac; tantôt ils me montraient que leurs chères moitiés avaient la tête découverte, et qu'il leur fallait un mouchoir à chacune pour se garantir du soleil. Je ne pus mettre fin à leurs importunités qu'en satisfaisant à leurs principales demandes. Le lendemain, avant de continuer leur route, ils vinrent m'éveiller dans mon chariot pour me dire adieu. Je leur en dis autant, et bientôt ils furent hors de vue.

Nous-mêmes nous nous mîmes en marche quelque temps après; le pays que nous parcourûmes, appelé Nieuweld ou Terre-Neuve, semble si peu fréquenté, si désert, que les traces des roues de nos chariots y seront peut-être encore visibles dans quelques années. Le pays abonde en gibier, et Speelman, le Hottentot que j'avais engagé comme adroit tireur, me demanda la permission de me montrer son talent. Je lui donnai un fusil, et il s'éloigna aussitôt accompagné d'un chien. Mais, quand il fut à quelque distance, je l'aperçus qui maniait et remaniait son arme d'un air embarrassé; je m'approchai, et il me dit d'un air confus qu'il ne savait pas se servir de fusil de cette espèce : c'était un fusil à percussion, et il ne connaissait que les fusils à pierre. Je pris l'arme; je lui en expliquai le mécanisme, et je tirai devant lui sur un lièvre que nos chiens poursuivaient; je le manquai du premier coup; je redoublai à l'instant, et l'animal fit un bond énorme et retomba sans vie. Je fis recharger l'arme par Speelman, je lui remis une petite boîte de capsules, et je rejoignis notre convoi. Deux heures après, au moment de la halte du soir, le pauvre chasseur revint tout honteux. Il avait tiré quatre à cinq fois sans tuer le moindre gibier. Il me rendit mon fusil, en me priant de lui prêter pour le lendemain un de mes mousquets à pierre, dont il connaissait mieux l'usage.

Nous campâmes ce soir-là sur les bords de la Dwaal-Rivier, un des affluents du Gariep ou rivière d'Orange, le plus grand fleuve de l'Afrique australe. En continuant notre route, le lendemain nous traversâmes un défilé très-pittoresque, qui coupe une chaîne de montagnes rocailleuses, et à travers lequel coule le Dwaal. Nous entrâmes ensuite dans une plaine où les lièvres étaient si abondants, que nos chiens en prirent trois. Je laisse à penser si cette vue stimula l'ardeur de Speelman; il partit avec un des Hottentots de Duplessis, armés chacun d'un mousquet à pierre, et, moins d'une heure après, ils nous rapportèrent six lièvres et un jeune chevreuil de l'espèce appelée par les colons du Cap *spring-bock* (bouc sauteur), et par les naturalistes *gazella euchore*. Encouragés par ce succès, ils repartirent à la poursuite, disaient-ils, d'un troupeau de gazelles auquel appartenait l'individu qu'ils avaient tué. Leur absence fut plus longue que la première fois; ils n'aperçurent ni lièvre ni chevreuil, et à leur grand regret ils allaient revenir les mains vides, quand ils trouvèrent un nid d'autruche qui contenait dix-sept œufs, et alentour il y en avait neuf autres. Ne sachant comment les emporter tous, car un œuf d'autruche est vingt-quatre fois plus gros que celui d'une poule, et ne pouvant néanmoins se décider à perdre une partie de leur proie, ils imaginèrent un bizarre expédient : ce fut d'ôter leurs chemises et de les convertir en sacs; mais ils ne parvinrent à loger que la moitié des œufs, et l'autre moitié ne tenant pas non plus dans leurs culottes qu'ils n'hésitèrent pas à quitter aussi, il leur fallut enfermer le reste dans les mouchoirs qu'ils avaient sur leur tête. Quand ils revinrent vers nous, nus comme vers, leurs culottes sur le dos, leurs chemises d'une main et leurs mouchoirs de l'autre, ils furent accueillis par d'immenses éclats de rire, provoqués par leur tournure grotesque. Tous les Hottentots présents m'assurèrent que les œufs trouvés en dehors du nid étaient destinés par la mère à servir de nourriture aux jeunes autruches, et que les autres seuls devaient être couvés.

Dans la soirée nous atteignîmes la Zak, qui formait alors la limite septentrionale de la colonie (1), et sur les rives de laquelle nous campâmes pendant deux jours. C'est la principale rivière entre l'Hex et le Gariep. Ses eaux, quoiqu'elles coulassent encore, ne formaient qu'un mince filet. Ses bords étaient garnis de joncs, ou çà et là parsemés de quelques brins d'herbe fraîche qui végétaient grâce à des pluies récentes. Mais on ne voyait pas un arbre dont le feuillage rompît l'uniformité de la plaine qu'elle traversait,

---

(1) Cette limite a été reculée plus tard jusqu'au Gariep.

ou indiquât son cours; et nous ne l'aperçûmes elle-même qu'à l'instant où nous en foulâmes les bords.

Plusieurs familles hottentotes nous rejoignirent encore à cette halte, qui était le dernier lieu de rendez-vous. Le nombre de nos chariots s'éleva alors à quinze; et celui des personnes faisant partie de la caravane dépassa la centaine. Étant ainsi stationnés sur un petit espace, au milieu d'une plaine immense où le sol aride n'était recouvert çà et là que par quelque buisson rabougri à peine haut de trente centimètres, on eût dit qu'un village avait tout d'un coup surgi dans le désert. Chacun des chariots, en effet, avait son propre feu, autour duquel était assise une petite réunion de personnes abritées du vent par un enclos de nattes. Les bœufs, les moutons et les chèvres qui paissaient à quelques pas; les femmes qui allaient à la rivière ou en revenaient avec leurs calebasses remplies d'eau; les enfants qui s'amusaient à courir; les hommes qui les uns portaient des fardeaux de bois à brûler, les autres arrivaient de la chasse; les chiens et les chevaux qui se mouvaient dans chaque direction; tout cela formait une scène neuve et animée, qui par le contraste rendait la silencieuse solitude dont nous étions environnés plus grave et plus triste.

Le 4 septembre, vers midi, après avoir chargé tous nos fusils en cas d'attaque, nous dîmes un dernier adieu à la colonie, et, franchissant la Zak, nous entrâmes dans le pays des Boschesmans. Il y avait trois mois que nous avions quitté la ville du Cap. Nous ne parcourûmes ce jour-là qu'un espace de dix milles, et nous campâmes vers une source appelée Kopjer. Comme chemin faisant nous avions remarqué sur la terre des traces de lions, nous eûmes soin, pour nous prémunir contre une attaque de ces terribles animaux pendant la nuit, de placer les chariots en cerclé et d'enfermer au milieu les bœufs et les moutons. Il est heureux pour les voyageurs que ces redoutables bêtes féroces s'élancent toujours sur les bestiaux de préférence à l'homme lui-même.

Pendant deux jours, le 5 et le 6, nous cheminâmes à travers une contrée dont la surface était dure, unie, nue et découverte; dont cependant la monotonie était çà et là interrompue par de larges et vastes ondulations; mais pas une herbe verte ne récréait l'œil; pas un oiseau ne traversait l'air : toute la création se bornait pour nous à la terre et au ciel. Le lendemain, le caractère de la contrée était toujours le même; seulement on apercevait à l'horizon des montagnes basses et plates. Dans la matinée nos chasseurs tuèrent un *quagga*, communément appelé *cheval sauvage* par les colons, et blessèrent un lion. La veille, ils avaient rencontré une lionne avec deux petits, et il semblait que nous fussions entrés sur le territoire de ce *roi des animaux*, qui se permet souvent de dévorer ses propres sujets. Mais le titre de *roi des forêts* ne me paraît pas applicable, ici du moins, à un animal que pour ma part je n'ai jamais aperçu qu'en plaine. Ce jour-là, après une marche de trente à quarante kilomètres par une contrée d'abord unie, puis devenue montagneuse, nous campâmes auprès d'une source appelée Lieuwe-Fontein, et nos gens se régalèrent amplement du quagga et de quelques autres pièces de gibier rapportées par nos chasseurs.

Jusqu'à cette époque nous n'avions encore vu aucun naturel; circonstance qu'il fallait sans doute attribuer à la méfiance générale des indigènes qui les visitent par le chemin de la colonie. Mais le 8, s'étant sans doute assurés, je ne sais comment, que nous venions en amis, une troupe de onze Boschesmans, accompagnés de trois femmes, nous rendit visite à la pointe du jour. La taille de tous les hommes était bien au-dessous d'un mètre soixante-six centimètres, et celle des femmes proportionnellement plus petite. La couleur naturelle de leur peau, noire de graisse et de malpropreté, était brune et même assez claire. Leur costume me parut aussi misérable que possible; ils n'étaient probablement pas aussi difficiles que moi, car ils semblaient tous contents. J'observai néanmoins que lorsqu'ils nous approchèrent, ils ne purent se défendre d'un sentiment de crainte; mais peu à peu ils se remirent; et après que nous eûmes confirmé les assurances de nos pacifiques intentions par des présents de tabac et des grains de verre, reprenant leur ton naturel, ils ne tardèrent pas à babiller ensemble de la manière la plus animée. Les femmes étaient peu âgées, leurs physionomies ne manquaient pas d'agrément ni de candeur, et, quoique assez libres, leurs manières n'étaient pourtant pas immodestes. Leurs cheveux étaient ornés de ces petits coquillages qu'on nomme *cowries*, parmi lesquels brillaient quelques vieux boutons de cuivre. L'une d'elles portait un haut bonnet de cuir muni d'une visière qui protégeait ses yeux du soleil. Sur son dos, et entièrement caché, sauf la tête, était suspendu son jeune enfant. La pauvre petite créature supportait les rudes secousses que lui donnait la mère en marchant, avec une indifférence qui dénotait que, depuis l'instant où elle était née, elle n'avait pas connu d'autre berceau.

Avant d'aller plus loin, je crois devoir entrer dans quelques détails sur l'origine, les mœurs, les usages et la manière de vivre de ces peuples, dont le nombre diminue tous les jours, et qui finiront peut-être bientôt par disparaître, comme déjà tant d'autres tribus qui existaient à l'époque de l'établissement des Européens dans le sud de l'Afrique, et qui ne sont plus aujourd'hui connues que de nom.

Le nom de Bosesmans, Boschjesmans ou Boschesmans, qui s'écrit de ces différentes manières, est d'origine hollandaise, et signifie littéralement *homme de buissons*, c'est-à-dire sauvages vivant dans les bois. Ces sauvages déshérités et chassés de leurs anciennes possessions mènent aujourd'hui une misérable vie nomade : ils errent par troupes dans les contrées qui avoisinent la colonie, au nord et au nord-ouest. Il est difficile de déterminer avec précision l'étendue du pays des Boschesmans ; car ces hommes vivent séparés les uns des autres, et changent fréquemment de demeure. Le plus grand nombre habite sur les bords du Malalarin, du Ky-Gariep et du Cradock-Rivier. Ils sont de race hottentote et s'appellent eux-mêmes Saquas. Traqués comme des bêtes fauves par les colons, ils ne font qu'user du droit de représailles lorsqu'ils pillent les fermes, qu'ils enlèvent les bestiaux et qu'ils détruisent les récoltes.

La véritable patrie des Boschesmans paraît être le pays situé entre la rivière d'Orange ou Gariep et les montagnes qui s'étendent du Roggeveld vers l'orient ; c'est une contrée aride et inhospitalière. Le sol, couvert de cailloux roulés ou de débris de roches, ne produit qu'un petit nombre de plantes chétives. Il n'est arrosé ni par les pluies d'hiver qui contribuent tant à la fertilité du territoire de la colonie du Cap, ni par les averses d'orage qui fécondent la Cafrerie dans la saison chaude ; ce n'est qu'accidentellement que des nuages se déchargent dans le pays stérile des

Boschesmans. Il n'est pas possible d'y entretenir des bestiaux, et le nombre des quadrupèdes s'y réduit à peu d'espèces : ce sont le rhinocéros, l'antilope et la frugale brebis. L'autruche habite également ces déserts. Le Boschesman, ne pouvant subsister du bétail, vit de racines bulbeuses et d'œufs d'autruche que le hasard lui procure; il se nourrit aussi de serpents, de lézards, de fourmis et de sauterelles. Les fourmis dont ces malheureux sauvages font leur principale nourriture sont de deux espèces : l'une noire, l'autre blanche; ils regardent celle-ci comme la plus délicate; son extérieur l'a fait nommer par les colons *riz des Boschesmans*. Cette substance a, dit-on, un goût acide qui n'est pas désagréable; mais il en faut une quantité considérable pour rassasier un homme affamé. Afin de remplir leur estomac, et peut-être pour neutraliser la trop grande acidité de cette nourriture, les Boschesmans y joignent la gomme du mimosa.

La vie d'un Boschesman ressemble à celle des animaux, ses compagnons dans les déserts qu'il habite. Il n'est point attaché au sol, car ce sol n'a aucune valeur; aussi n'est-il pas sédentaire, et il ignore le droit de propriété. Il se fait une espèce de nid dans les buissons en rattachant les branches au-dessus de lui; de là son nom. Des familles entières se tiennent pendant la nuit blotties dans ces huttes improvisées. Chacun se courbe et se plie presque en deux, en se couvrant d'une peau de mouton pour se garantir du froid ou de la pluie.

La physionomie du Boschesman a les traits caractéristiques de la race hottentote; mais ses yeux sont beaucoup moins ouverts, plus vifs, et ses gestes ont plus de prestesse. Grâce à son genre de vie, le Boschesman est habitué aux plus dures privations; il supporte la faim, la chaleur et le froid, sans en être autrement affecté que par une maigreur de corps extraordinaire. Il passe quatre à cinq jours sans manger; mais aussi, quand il a de quoi satisfaire son appétit, il n'y met aucun frein : cinq Boschesmans dévorent dans l'espace d'une heure une brebis grasse tout entière, et un quagga dans la moitié d'une nuit. Ainsi repus, ils se livrent à un repos absolu jusqu'à ce que la faim les force à chercher une nouvelle proie à dévorer; encore faut-il que la faim soit très-pressante, car ils aiment mieux se serrer le ventre avec une courroie que de contrarier leur paresse naturelle.

Ce genre de vie, qui chez un Européen entraînerait des maladies très-graves, n'a d'autre effet sur le Boschesman que de le faire passer, pour ainsi dire à vue d'œil, d'un état extrême de maigreur à une forte obésité. Le capitaine Stockenstrœm rapporte qu'il avait un jour rencontré dans un désert un Boschesman, qui pendant quinze jours n'avait vécu que d'eau et de sel. Ce pauvre homme semblait être sur le point de rendre le dernier soupir; il n'avait que la peau et les os; on craignait d'abord qu'en le laissant manger à sa fantaisie, il ne se fît du mal; enfin on se décida à ne pas le gêner, et il dévora la moitié d'un mouton. Le lendemain il était complétement arrondi, et se portait à merveille.

Leurs armes sont à peu près leur seule propriété. L'arc dont ils se servent a d'ordinaire un mètre et demi de long; il est fait grossièrement en bois très-dur et tendu par le moyen d'une corde de boyaux; les flèches ont généralement trois à quatre décimètres de longueur, et sont faites d'une tige de roseau, à laquelle on attache, d'une part une plume, et de l'autre un os pointu (os du pied d'une autruche), et souvent aussi une petite plaque de fer triangulaire. Ils fixent cette pointe peu solidement, afin qu'en arrachant la flèche de la plaie on laisse la pointe, qui, étant empoisonnée, produit tout alentour un gonflement subit et souvent mortel. Ils reçoivent des contrées éloignées le bois employé à leurs arcs, ainsi que le fer dont ils font les pointes des flèches; ils achètent leurs zagaies ou hassagaies aux Cafres du voisinage. Pour travailler le fer ils ne connaissent point l'usage du feu; ils se bornent à marteler et à aiguiser les plaques à l'aide de pierres. La fabrication de ces flèches, et la préparation du poison dans lequel ils les trempent, forment la principale industrie des Boschesmans. La composition de ce poison est très-complexe. Selon la plupart des voyageurs, ce poison subtil est un mélange d'ingrédients végétaux et minéraux très-délétères, que l'on fait bouillir soigneusement avec le venin des serpents qui en ont le plus.

Le carquois est une tige d'aloès creusée et souvent recouverte de cuir, suspendu à une courroie sur l'épaule gauche. Pour décocher leurs flèches les Boschesmans se placent ordinairement sur un plan incliné. Ils manquent souvent quant à la hauteur, mais jamais quant à la ligne. Ainsi, quand ils tirent contre une haie élevée d'un mètre, leurs traits passent fréquemment par-dessus, tandis qu'ils manquent rarement un arbre dont la tige n'aurait que quinze centimètres de diamètre. Ils tirent très-bien jusqu'à la distance de trente mètres; au delà ils ne sont plus sûrs de leurs coups.

A la chasse, ils suppléent par la ruse à l'imperfection de leurs armes, et ils sont passés maîtres dans l'art de surprendre leur proie. Il leur faut, en effet, une grande adresse, pour venir à bout de mettre le gibier à leur portée dans un pays uni et dégarni d'arbres, surtout lorsqu'il s'agit de surprendre des antilopes, qui s'effarouchent si aisément, et des autruches, qui voient le danger de si loin. Aussi les sauvages s'approchent tout doucement en se traînant sur le ventre; ils mettent dans ces ruses une patience incroyable, et ne calculent jamais le temps; ils se couvrent le corps et le vêtement de terre, et cessent de bouger dès que l'animal qu'ils veulent poursuivre paraît attentif au danger qui le menace.

Pour s'emparer des hippopotames, qu'ils ne peuvent attaquer ouvertement, ils creusent des

JOSEPH DUPLESSIS.　　P. 181.

Dans le moment où le lion s'est endormi gorgé de viande, ils s'en
approchent et lui lancent des flèches empoisonnées
qui lui font des blessures mortelles.

fossés le long des rivières, et les recouvrent de broussailles; dans ces fossés ils plantent un pieu pointu : l'animal, dans sa lourde chute, s'enfonce ce pieu dans le corps, et expire d'une mort lente et cruelle. Dans les plaines, ils recherchent les œufs d'autruche, et en emportent autant qu'ils peuvent. Ils tuent les lions plus facilement et plus promptement que les meilleurs tireurs du pays n'en viennent à bout avec leurs armes à feu. Ils choisissent le moment où ce terrible animal s'est endormi après s'être gorgé de viande; ils s'en approchent avec leur adresse ordinaire, et lui lancent des flèches empoisonnées qui ne manquent pas de lui faire des blessures mortelles. Aussitôt que le lion se sent blessé, il s'échappe en bondissant; ses ennemis ont disparu, et le Boschesman sait que dans quelques heures il le trouvera mort ou à l'agonie.

Leur unique boisson est l'eau, qu'ils boivent en se couchant à plat ventre sur le bord d'une rivière. Ils peuvent se passer d'eau pendant plusieurs jours.

Les Boschesmans sont, comme je l'ai dit, en guerre permanente avec les fermiers sur la frontière de la colonie; on redoute surtout leurs irruptions nocturnes pendant le dernier quartier de la lune, parce qu'alors une profonde obscurité leur garantit l'impunité. Ils aiment aussi à enlever les bestiaux en temps de pluie, sachant que les fusils des blancs sont peu à craindre quand il pleut. Se voient-ils poursuivis et obligés de lâcher leur proie, ils aiment mieux tuer les bestiaux ou leur couper les jarrets que de les laisser rentrer vivants en la possession des propriétaires.

Ils vivent en petites hordes, dont quelques-unes seulement reconnaissent des chefs. Ces hordes sont nomades et ont peu de communications entre elles.

Les Boschesmans n'ont aucune connaissance de Dieu ou d'un père commun des hommes. Quelques-uns d'entre eux croient au diable, et assurent qu'il a tout fait de la main gauche. Ils ont quelques idées de la résurrection après leur mort; car lorsqu'ils enterrent un corps, ils placent une zagaie à côté, et couvrent le tout de pierres et de branchages. « Cette zagaie, disent-ils, servira au défunt pour se défendre et se procurer du gibier. » Une semblable croyance se retrouve chez beaucoup de nations sauvages. Ils supposent que, quelque temps après la résurrection, ils iront dans un pays où il y aura abondance de nourriture excellente. Cependant ces notions paraissent être encore bien au-dessus de la portée de la plupart des Boschesmans; elles se bornent à la partie du pays où ces sauvages ont eu des relations avec les colons. Les missionnaires protestants ont en vain essayé de fonder quelques établissements dans leur pays; ils n'ont pu encore y réussir. De là les colons ont conclu que ces malheureux étaient un peuple de brigands indisciplinables, qu'on pouvait sans scrupule expulser des contrées fertiles, où ils ne voulaient ni cultiver la terre ni élever du bétail. D'un autre côté, les Boschesmans ont bien le droit de traiter les colons de cupides envahisseurs. L'issue de ce conflit est facile à prévoir: dans moins d'un siècle, peut-être, il n'y aura plus de Boschesmans.

CHAPITRE IX

Le désert de Karreebergen. — Zand-Valley. — Un orage d'Afrique. — Arrivée sur les bords du Gariep. — Description de cette rivière. — Passage du Gariep. — Aspect de la contrée au nord de cette rivière. — Un kraal hottentot. — Genre de vie des Hottentots indépendants. — Le village de Kloof. — Séjour. — Itinéraire du Kloof à Klaarwater. — L'*aardrarck* ou mangeur de fourmis. — Rencontre d'indigènes de la tribu des Koras ou Korannas. — Détails sur ce peuple.

Lorsque notre caravane se remit en marche, les Boschesmans nous quittèrent, à l'exception de trois d'entre eux que nous décidâmes, en leur promettant quelques moutons et du tabac, à nous accompagner jusqu'à la Grande-Rivière, pour qu'ils nous guidassent le long de la route, vers les endroits où il y avait de l'eau. La contrée que nous avions à traverser jusqu'au Gariep n'offre qu'un aspect désolé, sauvage, bizarre. Ce pays s'appelle le Karreebergen ou *Montagnes sèches*. L'œil cherche en vain sur la route quelque verdure, il ne rencontre de toutes parts que des rocs et des pierres répandus dans le plus inconcevable désordre. On comprend que les colons ne cherchent pas à déposséder de cette triste contrée les Boschesmans qui en ont pris possession, et qui vivent misérablement et clair-semés dans cette aride solitude. Après huit jours d'une marche pénible à travers ce désert, où souvent nous ne trouvâmes pas de l'eau en quantité suffisante pour nous désaltérer, nous et nos bestiaux, nous arrivâmes à un endroit nommé Zand-Valley; là nous campâmes sur les bords d'un vaste étang dont l'eau était claire et excellente. Ceux qui n'ont jamais ressenti le tourment de la soif pendant plusieurs journées de suite, ne peuvent se faire une idée du bonheur que nous éprouvâmes à la vue de ce bienheureux étang. Nous résolûmes d'y passer une journée entière pour nous reposer.

Nous nous remîmes donc en route le surlendemain, 16 septembre, avec l'espoir, en forçant un peu notre marche, d'atteindre ce jour-là les bords du Gariep. A peine avions-nous parcouru l'espace de six kilomètres, que les éclairs se mirent à sillonner le ciel dans tous les sens, et d'horribles coups de tonnerre à retentir au-dessus de nos têtes. Dans un instant un gros nuage noir, qui s'était formé avec une rapidité telle que nous n'avions pas eu le temps de le voir, versa sur nous des torrents d'eau; en quelques secondes, la terre, si desséchée qu'elle fût, se couvrit de mares. Au reste, la pluie cessa aussi vite qu'elle était venue, me laissant tout ébahi d'un pareil échantillon d'une averse d'Afrique. Nous passâmes en un clin d'œil d'un lieu inondé à un autre parfaitement sec, qui n'était séparé du premier que par un espace de cent à cent cinquante mètres. On m'avait souvent parlé, à la ville du Cap, des grosses pluies d'orage de l'intérieur; mais leur violence soudaine surpassait de beaucoup tout ce que j'avais imaginé.

Un peu après huit heures du soir, nous vîmes autour de nous des arbres bien plus élevés que nos chariots, ce qui ne nous était pas arrivé depuis un mois et demi; c'était un signe certain que nous approchions de la *Rivière*, comme disent les Hottentots, et avec raison, puisque le Gariep (1) seul mérite ce nom à plusieurs centaines de milles. En effet, après avoir encore cheminé une demi-heure au milieu des arbres et sur des monceaux de sable blanc déposés sur les rives par d'anciennes inondations, nous distinguâmes les feux qu'avaient allumés pour la nuit une partie des Hottentots qui nous avaient précédés. Bientôt nous eûmes établi notre camp auprès d'eux.

Quoique nous fussions stationnés sur le bord même du fleuve, nous n'en apercevions aucunement l'eau, attendu qu'elle coulait à une profondeur de vingt-trois mètres plus bas, cachée par les grands arbres qui en garnissent les rives; cependant, à cette hauteur même, les traces de débordement sont évidentes, et permettent au voyageur de se représenter la grandeur et la magnificence du Gariep lorsqu'il déborde; mais de si vastes inondations sont rares, et il s'écoule

---

(1) Gariep, en hottentot, signifie *le Fleuve*, comme on dirait le fleuve par excellence.

quelquefois sept années sans que son lit ait à contenir un volume d'eau si considérable.

Impatient de voir la rivière elle-même, je descendis la berge rapide à travers un bois épais de grands acacias et de saules, dont la brûlante chaleur du jour rendait l'ombre doublement délicieuse, et bientôt j'eus à contempler un spectacle ravissant. Le Gariep avait en cet endroit cent dix mètres de large; mais, comme j'ai ensuite pu le remarquer, il n'est peut-être nulle part aussi étroit, et sa largeur moyenne, dans cette partie de son cours, doit être évaluée au moins à trois cent cinquante mètres dans la saison même où ses eaux sont le plus basses; quand, au contraire, il inonde ses rives, j'affirme sans hésiter qu'il ne couvre pas moins de deux kilomètres de pays. Si du lieu où nous étions, et qui est situé par vingt-neuf degrés quarante minutes de latitude méridionale, on remontait le cours du Gariep à une distance de six cents à six cent quarante kilomètres, on ne rencontrerait aucun affluent qui sans cesse lui versât le tribut de ses ondes; mais par delà il reçoit trois grandes rivières, le Ky-Gariep ou *Rivière jaune,* venant du nord-est; le Maap-Gariep ou *Rivière bourbeuse,* dont le cours et la source sont inconnus; enfin le Nu-Gariep ou *Rivière noire*, dont plusieurs branches sortent des montagnes au nord de la Cafrerie, et d'autres de la contrée sans doute qui avoisine celle des Tainbu ou *Tambukis*. De ces trois affluents, le Nu-Gariep est le plus considérable. Une partie des eaux que le Gariep, ou fleuve d'Orange (nom que lui ont donné les Hollandais), décharge dans l'Océan, parcourt dans son lit un espace d'environ seize cents kilomètres. Ce beau fleuve traverse le continent de l'est à l'ouest, ce qui prouve que la plus haute terre de l'Afrique méridionale en dehors du tropique est située vers la côte orientale. Parmi les rivières africaines, si le Gariep ne doit occuper que le quatrième rang pour le parcours, il tient à coup sûr le premier rang pour la beauté.

Comme, à l'endroit de son cours auquel nous étions parvenus, il n'était pas guéable, nous fîmes la recherche d'un gué, et on en trouva un à douze kilomètres plus haut. Le 17, la caravane se remit en route pour y arriver, et l'atteignit en trois heures de marche. On avait envoyé la veille un fort détachement de Hottentots munis de pelles et de pioches pour disposer un chemin commode qui nous permit d'arriver sans accident au bord de l'eau. Au lieu où nous traversâmes la rivière le fond était rempli de gros cailloux, et la plus grande profondeur ne dépassait pas quatre-vingts centimètres; mais le courant n'en était que plus fort et plus rapide. L'eau était tout à fait transparente, preuve que depuis quelque temps il n'était pas tombé de pluies abondantes dans la partie supérieure de son cours.

Le Gariep en ce lieu a une largeur de trois cents mètres. Nous n'eûmes cependant besoin que d'une couple d'heures pour parvenir tous sains et saufs avec nos chariots, nos bœufs et nos moutons, sur la rive septentrionale; alors nous pénétrâmes, pour ainsi dire, dans une contrée nouvelle. En effet, sans parler des différences d'aspect et de climat, comme cette rivière est infranchissable pour beaucoup d'animaux, elle forme la limite la plus méridionale de quelques-uns, la plus septentrionale de quelques autres, et est aussi une ligne de démarcation pour un grand nombre de végétaux. Après avoir gravi la berge qui était couverte de grosses pierres détachées, nous fîmes halte sous des groupes d'acacias, lesquels poussaient dans un sol sablonneux. Dans la soirée, tandis que j'errais avec Joseph Duplessis à travers ces bois d'acacias qui étaient fort étendus, admirant leur feuillage aérien, écoutant le ramage de divers oiseaux que je n'avais point encore entendus, nous nous trouvâmes soudain au milieu d'un kraal hottentot, qui consistait en une demi-douzaine de huttes circulaires en nattes. Parmi les habitants, ceux-ci allaient et venaient, ceux-là posaient la charpente d'une hutte, d'autres s'occupaient à traire les vaches, et quelques-uns se promenaient les bras croisés ou étaient étendus dans leurs humbles demeures; l'un d'eux s'avança vers nous, enveloppé dans un vaste manteau de peaux de mouton dont un coin balayait le sol derrière lui, et nous salua d'un poli : *Dag, Mynheer!* c'est-à-dire en hollandais : « Bonjour, Monsieur. » Je voulus alors converser avec lui en cette langue; mais le hollandais qu'il parlait était tellement bizarre et mêlé de mots hottentots, qu'il me fut impossible de le comprendre. Joseph, au contraire, le comprenait fort bien, et la conversation s'engagea entre eux avec facilité. Il lui demanda quelques renseignements sur le kraal où nous nous trouvions; cet homme nous apprit que tous les Hottentots qui l'habitaient dépendaient d'un village appelé *Kloof*; ils avaient quitté momentanément leurs foyers pour venir avec leurs troupeaux s'établir sur les rives du fleuve, qui, à cette saison où les pâturages étaient partout ailleurs brûlés par le soleil, offraient toujours une herbe abondante. Quelques-unes des huttes étaient vides, parce que les propriétaires n'avaient pas encore regagné le logis avec leurs bestiaux; dans d'autres on voyait des femmes et des enfants accroupis à terre parmi des peaux de mouton d'une dégoûtante saleté, et occupés soit à faire de la corde avec de l'écorce d'acacia, soit à tresser des nattes de joncs.

Ces nattes, ainsi que les huttes où on les fabriquait, lesquelles ressemblaient plutôt à des corbeilles renversées qu'à des bâtiments, étaient du genre de celles qui ont été en usage parmi toutes les tribus hottentotes depuis un temps immémorial, et qui sont, je crois, tout à fait particulières à cette race distincte d'hommes. De telles huttes, on doit l'avouer, conviennent merveilleusement au genre de vie que mènent les Hottentots. Ils peuvent les démonter en une heure, les charger sur le dos d'une couple de bœufs, ainsi que tous leurs ustensiles et leurs jeunes enfants, et les transporter avec autant de facilité que de promptitude dans telle partie de la contrée où ils ont envie de s'établir, tantôt par goût, tantôt par nécessité, voulant ou trouver une plus grande abondance d'eau et de pâturages, ou éviter d'hostiles voisins. Aussi, tant qu'ils continueront à mener une vie pastorale, tant qu'ils seront libres d'errer où bon leur semble, on peut présumer qu'ils ne renonceront jamais volontairement à leurs tentes de nattes pour les remplacer par des demeures qui doivent, vu leur nature, rester là où elles ont été construites.

Deux jours après, le 19, nous pénétrâmes dans les monts Asbestos par un défilé ou kloof où se trouvait situé le village auquel appartenait le kraal dont je viens de parler. Dès que notre caravane entra dans le défilé, les Hottentots qui en faisaient partie se mirent à tirer des coups de fusil, tant pour saluer les amis qu'ils avaient au village du Kloof, que pour les avertir de leur propre arrivée.

Au bout de quelques instants, nous aperçûmes le village en question. Pittoresquement situé au milieu des montagnes qui l'entouraient de toutes parts, il consistait en vingt-six huttes rondes de nattes, et en cinq petites maisons carrées à toits de chaume (1), séparées les unes des autres par des champs de blé peu étendus, mais dont la fraîche verdure récréait délicieusement la vue. Les basanés habitants du lieu, hommes, femmes et enfants, tous sortirent avec précipitation de leurs demeures pour voir arriver et pour féliciter leurs amis.

Ici notre caravane commença à se disperser. Les uns continuèrent directement leur route pour Klaarwater, les autres prirent les diverses routes qui devaient les conduire à leurs propres bourgades, ou s'arrêtèrent au Kloof. Au nombre de ces derniers fut notre capitaine Berends, dont l'autorité s'étendait sur ce village et sur quelques kraals environnants. Nous nous décidâmes nous-mêmes, Joseph Duplessis et moi, à y passer quelques jours, tant pour examiner le voisinage que pour mettre en ordre les nombreuses observations que nous avions déjà faites pendant cette première partie du chemin.

Le lendemain, tandis que je travaillais dans

---

(1) Ces maisons avaient été construites par des missionnaires protestants, qui depuis se sont établis à Klaarwater.

notre chariot, et que Joseph, accompagné de Speelman, était allé chasser dans les environs, je reçus les visites successives de la majeure partie des habitants. Tous, à leur arrivée, commençaient par me dire en hollandais : « Bonjour, Monsieur! » Après quoi ils se mettaient à admirer la facture et la solidité du chariot, qu'ils ébranlaient sans cérémonie, bien que je fusse dedans occupé à écrire, pour voir s'il était lourd ou léger. Un de mes visiteurs m'offrit d'entrer à mon service en qualité de chasseur pendant le temps que nous passerions au Kloof, et ne demanda comme salaire que la moitié du gibier qu'il pourrait tuer. Mais un peu d'expérience que j'avais acquise en route me fit soupçonner que le drôle n'userait sans doute pas à mon compte toute la poudre que je lui fournirais, et qu'en outre il pourrait bien ne me donner qu'une partie de ma part du gibier. C'est dire que je refusai. En effet, la poudre augmente naturellement de valeur à mesure qu'on pénètre plus avant dans l'intérieur des terres; et elle était déjà devenue d'un trop grand prix, d'une trop grande importance, pour qu'il nous fût permis d'en perdre une seule charge. Le même individu, après que j'eus refusé ses services, continua de me demander des munitions. Plusieurs autres m'adressèrent pareille requête avec pareille importunité, mais sans plus de succès. Enfin tous, aussitôt qu'ils m'avaient souhaité le bonjour, se mettaient, sans presque vouloir écouter mes questions, à me prier avec instances de leur donner tel ou tel objet qu'ils apercevaient dans le chariot; et, quand je leur en refusais un, ils n'avaient rien de plus pressé que d'en solliciter un autre, comme s'ils ne devaient pas retourner chez eux les mains vides. Lorsque par ma fermeté je parvenais à imposer silence à leurs ennuyeuses sollicitations, ils me quittaient pour aller prendre place autour du feu avec mes gens, car ils avaient appris que ces derniers devaient tuer un mouton, et ils espéraient en avoir leur morceau. Je voulus que du moins ils n'eussent pas vainement conçu cette espérance, et nous partageâmes, en effet, avec eux l'animal entier, le seul qui nous restât.

Le kraal ou village du Kloof est situé par vingt-neuf degrés quinze minutes de latitude australe, sur la pente et presque au bas de la montagne, du côté septentrional ou plutôt à la tête d'une étroite vallée, qui s'étend du village vers le sud, et est traversée par un ruisseau qui va entre les montagnes se jeter dans la Grande-Rivière. Sur les bords de ce ruisseau, quelques pièces de terre sont cultivées en froment, et de petites rigoles ont été ouvertes de manière à les arroser au besoin. Une beaucoup plus grande étendue de terrain pourrait être labourée, s'il y avait moyen de persuader aux Hottentots de consacrer aux travaux de l'agriculture le temps qu'ils passent à la chasse.

Nous nous remîmes en marche le 29, mais seulement à quatre heures de l'après-midi, car la longue halte que nous fîmes au Kloof porta un rude échec à l'activité de nos gens, et je crus qu'ils n'auraient jamais terminé leurs préparatifs, ni de faire leurs adieux à leurs compatriotes. Nous fûmes bientôt sortis des monts Asbestos (1), et alors nous entrâmes dans une vaste plaine généralement couverte de buissons bas. Nous avions fait environ dix kilomètres, quand Philip, qui conduisait le chariot, faillit le faire verser en se dirigeant par distraction sur le terrier d'un

---

(1) Ces monts sont ainsi nommés parce qu'on y trouve en grande quantité la substance appelée *asbeste* ou amiante.

mangeur de fourmis. Cet animal est appelé *aardvark* dans la colonie, c'est-à-dire cochon de terre; et de fait il peut, d'après sa forme et sa taille, être plus justement comparé aux cochons qu'aux autres mangeurs de fourmis; mais par son mode de vie il ressemble tout à fait à ces derniers : avec ses pattes de devant, qui sont merveilleusement propres à cet usage, il creuse un trou profond où il se tient caché tout le jour, ne sortant jamais que la nuit pour aller prendre ses repas aux fourmilières qui abondent dans plusieurs parties de la contrée. En fouillant la terre alentour, il a bientôt porté le trouble au sein de la petite communauté; et tandis que les insectes courent en confusion de tous les côtés, il les amène facilement dans sa bouche, au moyen de la langue longue et mince dont il a été à cet effet pourvu par la nature. Faute de crocs et de dents saillantes, il est sans aucune défense, et sa sûreté ne dépend que de la manière dont il se cache; mais il sait si bien se cacher, qu'il n'est pas d'animal qu'on voie plus rarement; et comme il peut s'éloigner sous terre avec une incroyable rapidité des gens qui pour le saisir minent sa retraite, c'est peut-être de tous les animaux le plus difficile à attraper. Sa chair, malgré la bizarre nourriture qu'il préfère, est salubre et de bon goût. C'est ce dont je pus juger à notre halte, car la roue de notre chariot, en s'enfonçant dans le terrier, avait écrasé les pattes de devant de l'aardrark, qui ainsi se trouva pris comme au trébuchet.

La lune brillait avec éclat, et c'était plaisir que de cheminer; mais à l'instant où le soleil avait disparu, l'air était devenu piquant, au point de nous forcer à prendre nos manteaux, quoique la journée eût été d'une chaleur excessive. Vers onze heures nous dételâmes à Gattikamma ou Wittewater, mots qui, l'un dans la langue des Hottentots, et l'autre dans celle des Hollandais, signifient également *eau blanche*. Cette source, qui en certaines saisons alimente un petit ruisseau, est située dans un pays découvert et entourée de quelques arbres. Il y avait des habitants en cet endroit, mais nous ne nous en aperçûmes que le lendemain au point du jour : c'était une troupe de Koras, ou, comme on les appelle souvent, de Korannas, qui avec leurs bestiaux y avaient formé un kraal temporaire.

Nous venions de nous éveiller. Joseph achevait de s'habiller et moi je ne faisais que commencer, lorsque plusieurs hommes portant des manteaux et des bonnets de cuir, la peau du corps entièrement teinte d'ocre rouge, soulevèrent la toile qui fermait l'extrémité de notre chariot, et nous dirent l'un après l'autre, en langue hollandaise, « bonjour » ou « bonsoir, » seuls mots qu'ils sussent de cette langue. Trouvant étrange que deux blancs eussent pénétré dans leur pays, ils étaient curieux de nous voir, et nos gens n'avaient pas pu contenir leur impatience jusqu'à ce que nous fussions habillés. Ils satisfirent au reste leur curiosité d'une manière fort respectueuse, chacun se retirant dès que nous leur avions rendu leur salut. Mais cette visite dura si longtemps, que sans doute tous les individus mâles du kraal vinrent ainsi jeter un coup d'œil sur nos personnes. Ils désiraient en outre nous voir sortir du chariot afin de nous mieux examiner; au moment où, après avoir terminé notre toilette, nous nous disposions à les contenter, une autre visite commença; ce furent les femmes qui à leur tour voulurent faire connaissance avec nous; montant sur le marchepied en aussi grand nombre qu'elles pouvaient y tenir, elles répétaient leur « bonjour » et faisaient place à d'autres. Les jeunes filles paraissaient enjouées et modestes, sans timidité. Un miroir, dont je m'étais servi pour me raser, et que je leur montrai par hasard; un miroir, cette source de surprise toujours infaillible pour les tribus non civilisées de toutes les parties du globe, produisit sur ces dames l'effet accoutumé. Des cris de joie et d'appel, qui probablement signifiaient : « Venez, ah! venez donc voir ! » retentirent aussitôt, et en un instant il y eut à l'entrée de notre chariot comme un monceau de faces basanées, toutes comiques ou d'étonnement ou de joie; car, comme la glace était assez grande pour réfléchir le groupe entier, elles avaient bonne matière à rire en se voyant, et je crois que je ne gardais pas mon sérieux beaucoup mieux qu'elles-mêmes. Cette scène amusante aurait duré tout le jour, car les hommes commençaient à revenir, si je n'eusse fermé la boîte qui contenait le miroir, et mis de la sorte fin au spectacle.

Ces indigènes, ordinairement appelés Koras, forment une tribu nombreuse, et qui, quoique d'origine hottentote, se distingue de cette race par des traits particuliers. Ils sont plus hauts de taille que les Boschesmans, et sous ce rapport ils ressemblent aux Hottentots proprement dits, dénomination par laquelle j'entends désigner ceux qui sont originaires de la colonie du Cap. Pour les coutumes et les manières, les Koras se rapprochent davantage des anciens Hottentots, tels que nous les ont décrits les voyageurs d'il y a cent cinquante à deux cents ans; ils sont un peu plus civilisés que les Boschesmans; ils possèdent aussi beaucoup plus de bestiaux, mais leurs armes et leurs vêtements sont de même espèce, quoique de qualité meilleure. Plusieurs d'entre eux ont la tête bien faite, des traits saillants, et un air de bonne humeur qui prévient en leur faveur. Ils mènent une vie paisible et pastorale, subsistent principalement du lait de leurs troupeaux, et s'écartent rarement de la rivière d'Orange ou Gariep.

Le large désert ou Karrou, qui est entre eux et la colonie, les a protégés en partie contre les exactions des fermiers. Leur supériorité peut être attribuée jusqu'à un certain point aux avantages de leur situation locale. Leur idiome est un dialecte du hottentot; mais il en diffère à tel point que nos gens et Joseph lui-même, qui parle facilement le hottentot, ne pouvaient d'abord saisir assez bien le son des mots pour les reconnaître et les comprendre. Mais bientôt ils finirent par s'entendre, quoique le dialecte kora possède un grand nombre de mots qui lui sont propres, et qu'ils prononcent différemment les mots communs aux deux idiomes. Le nom par lequel ils se distinguent est *kora* ou *koraqua*. La particule *qua*, laquelle dans la plupart des dialectes hottentots signifie *homme* au singulier et au pluriel, est en certains cas, comme dans celui-ci, indifféremment ou employée ou omise. Le mot *koraqua* veut dire *homme qui porte des souliers*, ou, si l'on veut, une chaussure qui recouvre le dessus du pied, par opposition à celui qui ne porte que des sandales, ou de simples semelles, dont l'usage est plus général parmi les autres nations et tribus du voisinage. Ce mot, comme beaucoup d'autres, a été corrompu par les colons, qui en ont fait *koranna*; mais le mot *kora* est également usité.

Les Koras sont bienveillants envers les étrangers, et enclins à vivre en paix avec toutes les hordes qui les entourent, excepté avec les Boschesmans, contre lesquels ils nourrissent une haine implacable, à cause des déprédations continuelles que ceux-ci commettent sur leurs troupeaux. Les Koras sont dispersés à travers un immense espace de pays, sur la rive septentrionale du Gariep; mais on n'en trouve pas un seul au sud de ce fleuve. Au nord, ils s'étendent jusqu'à Litakou; à l'est, ils ont un vaste et populeux kraal, appelé le *Hart*. Beaucoup de leurs villages mobiles se voient le long de la Grande-Rivière, et du Ky-Gariep ou Rivière jaune. D'un côté les kraals des Korannas touchent ou se mêlent à ceux des Bachapins, de l'autre à ceux des Griquas, et au milieu ils se confondent avec les kraals hottentots de Klaarwater, comme ceux que nous rencontrâmes à Wittewater; partout ils se trouvent voisins des Boschesmans.

Lorsque nous sortîmes enfin de notre chariot, une multitude de Koras se rassemblèrent autour de nous, avec un empressement auquel je ne m'attendais pas, vu que des hommes blancs ne pouvaient pas être une nouveauté pour la majeure partie d'entre eux, qui allaient souvent à Klaarwater où résidaient depuis plusieurs années des missionnaires anglais. Mais le bruit de notre venue nous avait précédés; et comme on leur avait dit que nous n'étions ni missionnaires ni colons, que nous voyagions simplement pour voir le pays, ils éprouvaient un désir d'autant plus vif de mieux connaître les *étrangers*. La preuve que leur empressement à nous environner ne provenait que d'une simple curiosité, c'est qu'ils ne nous demandèrent jamais rien, pas même du tabac, circonstance qui me parut fort remarquable; car j'avais ouï dire que ces gens étaient les plus importuns solliciteurs du monde. Tous portaient l'ancien manteau de peau de mouton, teint avec de l'ocre rouge, vêtement que les Hottentots de la colonie ont depuis longtemps oublié ou abandonné. Leurs huttes en ulica étaient irrégulièrement disposées, à quelque distance de la source, sans même l'abri d'un buisson. L'eau qui sortait d'un creux entre des rochers ne coulait, lors de notre passage, qu'à quelques centaines de mètres; mais le canal avait assez de largeur pour montrer qu'elle était souvent plus abondante. Sur les bords, la terre était en plusieurs endroits blanchie d'une matière saline, et c'est de là sans doute que la source a tiré son nom d'Eau-Blanche.

Le soleil était près de se coucher lorsque nous

nous remîmes en marche, et, après avoir cheminé par un beau clair de lune et une route fort battue qui ne permettait pas de s'égarer, nous arrivâmes à deux heures du matin à Klaar-water.

CHAPITRE X

Klaarwater. — Désappointement. — Speelman et la source de l'Élan. — Origine de la tribu hottentote de Klaarwater. — Les deux chefs ou capitaines Adam Kok et Berend-Berends. — Leur autorité. — Commerce, agriculture, manière de vivre des habitants. — Excursion sur les bords du Gariep. — Les serpents cracheurs. — Voyage en caravane sur les bords du Gariep. — Costume des femmes hottentotes. — Costume des hommes. — Campement près du Gariep. — Aspect du camp. — Visite de Boschesmans. — Hippopotame tué par Adam Kok. — Festin des Hottentots.

Lorsque je m'étais décidé à passer par Klaarwater pour pénétrer dans l'intérieur, on m'avait fait tant de récits au sujet de cet établissement, que mon imagination me le représentait comme une espèce d'oasis délicieuse entourée de beaux bois et de jardins, avec une rivière qui coulait au milieu d'un joli village, surtout avec une vaste église surmontée d'un haut clocher, indiquant jusqu'où le christianisme s'était avancé dans les déserts de l'Afrique, car on m'avait fort vanté l'établissement des missionnaires protestants fixés dans cette localité. Mais, dès le matin de mon arrivée, le premier coup d'œil me convainquit de mon erreur et de mes illusions. Les grands bois de mon imagination s'évanouirent, pour laisser seulement subsister en réalité les quelques arbres plantés par les missionnaires eux-mêmes; l'église ne se trouva plus être qu'une espèce de grange bâtie de roseaux et de boue; le village, plus qu'une rangée de quelques misérables chaumières; la rivière, plus qu'un ruisseau; enfin le site était un endroit ouvert, exposé à tous les vents, et on n'y apercevait d'autre jardin que celui des missionnaires. Toutefois, quoique ne partageant pas leurs opinions religieuses, je ne commettrai pas l'injustice d'attribuer à un manque de sollicitude de la part de ces hommes, qui, je dois l'avouer, ont fait preuve de dévouement, l'état imparfait et la nullité complète d'amélioration extérieure qu'on ne peut s'empêcher de remarquer; la faute en est sans doute, et en premier lieu, comme les missionnaires ne cessent de s'en plaindre, à l'extrême paresse des Hottentots, qui ne veulent se soumettre à aucun travail, dès qu'il s'agit de bâtir ou de cultiver la terre. Il y a bien encore une autre cause du mal, mais j'en parlerai ailleurs.

Après avoir satisfait notre première curiosité en parcourant la bourgade, ce qui ne fut pas long, notre affaire la plus importante fut de pourvoir au rétablissement de nos attelages, considérablement affaiblis et amaigris par le long voyage que nous venions de faire. Aux environs du village, il y avait à peine dans cette saison assez d'herbe pour les quelques vaches et moutons des habitants. On m'engagea donc à envoyer nos bœufs dans un endroit nommé Eland's-Fontein, *source de l'Élan*, où, disait-on, les pâturages étaient alors plus abondants que partout ailleurs, et nous résolûmes de les y faire conduire par Speelman. Nous lui confiâmes sans crainte cette mission, car pendant tout le voyage cet homme nous avait donné des preuves de fidélité, d'intelligence et d'activité. Speelman, dès que je lui eus communiqué nos intentions, eut bientôt fait son paquet, auquel j'ajoutai une ample provision de tabac; il prit en outre une bonne quantité de poudre et de menu plomb, afin de nous tuer, chemin faisant, toutes les sortes d'oiseaux qu'il pourrait rencontrer. Quoique le thermomètre centigrade marquât une vingtaine de degrés, il se drapa dans son grand manteau, afin de se donner un air d'importance aux yeux des habitants de Klaarwater; un petit nombre seulement d'entre eux avait le moyen de se procurer un vêtement semblable, quoique tous le désirassent, parce qu'ils croient en le portant avoir la tournure d'un colon. Son havre-sac et un paquet de peaux de mouton pour lui servir de lit étaient pendus sur son dos; il tenait son fusil sur son épaule; à la main un *kiri*, bâton d'environ un mètre, qui sert aux Hottentots d'arme défensive; enfin une difforme pipe de bois dans sa bouche, d'où s'échappait à chaque instant une copieuse bouffée de fumée blanche, preuve certaine de son plaisir et de sa satisfaction; ainsi équipé, il prit gaiement congé de ses camarades pour se diriger vers la source de l'Élan.

La tribu de Hottentots qui réside actuellement à Klaarwater doit son origine à deux familles de race mêlée qui portent les noms de *Kok* et de *Berends*, et qui, il y a cinquante à soixante ans, aimant mieux vivre complétement libres sur les bords de la Grande-Rivière, que de résider sur le territoire de la colonie où elles avaient acquis quelques moutons et quelques bœufs au service des fermiers, y émigrèrent avec tous leurs bestiaux et tous leurs amis. A ces gens se réunirent en maintes occasions d'autres individus de la même race, qui ne se trouvaient pas heureux sous la dépendance des colons. C'est ainsi que leur nombre augmentant peu à peu fixa l'attention des missionnaires, qui avaient tenté d'établir une station parmi les Boschesmans, sur les rives du Zak. Ces Hottentots paraissant leur offrir une chance plus certaine de réussite, ils s'attachèrent à eux, et les suivirent dans toutes leurs courses le long du Gariep, jusqu'à ce qu'ils leur eussent enfin persuadé de s'établir d'abord au kraal d'Aakaap, puis à celui du Kloof, et en dernier lieu à Klaarwater, qui, à l'époque où ils en prirent possession, appartenait aux Boschesmans. Une douzaine d'autres kraals s'établirent dans un rayon d'une cinquantaine de milles, et formèrent un petit district dont Klaarwater est le chef-lieu.

Adam Kok et Berend-Berends, descendants et chefs des deux familles fondatrices de la colonie, étaient, à l'époque de mon passage dans ce pays, les deux capitaines du district. L'autorité de ces chefs est donc d'une nature toute patriarcale, et ne s'étend guère au delà d'une soumission volontaire de la part de leurs sujets. Elle consiste principalement à ordonner que la tribu prendra les armes, soit pour attaquer un ennemi, soit pour repousser une agression. Dans des cas pareils qui importent au bien général, on ne leur refuse jamais obéissance, et ils peuvent alors réunir plus de deux cents mousquets, seules armes dont ces Hottentots fassent aujourd'hui usage. Mais dans les circonstances ordinaires, leur puissance ne semble pas être aussi forte que l'exige l'intérêt de la chose publique. Pendant mon séjour, un homme fut accusé d'un crime, et en conséquence amené devant le capitaine Dam (Adam) pour y être jugé. Celui-ci, assisté des notables du lieu, le déclara coupable, et conformément à l'usage hottentot commanda qu'on l'étendît à terre, et qu'on lui assenât un certain nombre de coups de bâton, châtiment qui d'ailleurs était bien mérité. Tandis qu'on exécutait la sentence, les amis et parents du criminel, qui se tenaient alentour, vomissaient contre le capitaine les plus affreuses imprécations, et agitaient même leurs kiris d'un air menaçant. Mais Berends semblait plus résolu que son confrère, et partant plus capable de maintenir sa propre autorité.

Le nombre des bœufs, vaches et veaux que possèdent les Hottentots de Klaarwater, peut être évalué à trois mille. Le prix d'un bœuf y est de dix rixdales, et celui d'un mouton de deux. Contre des grains propres à être mis en colliers et du tabac, ils reçoivent des Bachapins (tribu cafre du voisinage) une grande quantité de bœufs, dont ils revendent ensuite la plupart dans la colonie à trente rixdales pièce. Ils possèdent aussi beaucoup de moutons et de chèvres, et seulement de quatre-vingts à quatre-vingt-dix chevaux. On voit chez eux un nombre suffisant de chiens; on n'y voit ni chats ni cochons. Une ou deux familles seules élèvent quelques volailles; les missionnaires ont des poules, des canards, des oies et des pintades.

En fait de jardin qui produise des fruits et des légumes, ces Hottentots n'ont rien qui en mérite le nom; mais ceux qui ne sont pas trop indolents cultivent du tabac. Leur principale nourriture est le lait, le gibier, ainsi que la viande de mouton;

car ils ne tuent de bœufs que rarement, et se nourrissent surtout de la chair des animaux sauvages. Aussi la chasse, qui est la seule occupation où ils montrent un peu d'activité, emploie-t-elle la plus grande partie de leur temps.

Quelques gens du lieu cultivent un peu de grain; mais telle est leur sottise, leur imprévoyance, que, à peine la moisson ramassée, ils se mettent à manger, pour ainsi dire, nuit et jour, jusqu'à ce qu'ils aient dévoré toute la récolte. La devise d'un Hottentot pourrait être : *Festin aujourd'hui et famine demain*. C'est pour cette raison que, la moisson finie, presque personne ne travaille plus. Ceux qui dans le nombre sont économes et prévoyants ont l'avantage d'être pendant le reste de l'année assiégés par des mendiants, des parasites, qui, sous le prétexte qu'ils sont leurs parents, leurs amis, mettent si fort leur sagesse à contribution, qu'ils les dissuadent presque de se montrer encore sages une autre fois.

Après nous être reposés pendant quelques jours, et avoir visité la *ville* et les environs de Klaarwater, nous nous décidâmes à faire une excursion plus éloignée, dans le but d'explorer une partie du cours du Gariep, jusqu'à une cataracte fameuse dont j'avais entendu parler. Pendant ce temps-là, nos bœufs se referaient de leurs fatigues, et à notre retour à Klaarwater nous les trouverions en état de nous transporter dans la direction de Littakou. Le capitaine Adam Kok, apprenant notre dessein, proposa de nous suivre avec son chariot pour chasser les hippopotames, qui, à en croire la renommée, abondaient dans cette partie du fleuve.

Dès que ce projet fut connu, Willem Berends, frère du capitaine de ce nom qui résidait au Kloof, s'adjoignit pareillement à nous dans la même intention, et plusieurs de ses amis imitèrent son exemple. Comme notre caravane était assez nombreuse, nous laissâmes Philip avec quelques-uns de nos Hottentots à la garde de notre chariot, qui avait été remisé dans un enclos appartenant au capitaine Berend-Berends, et nous partîmes à cheval, emmenant seulement nos chevaux de somme pour porter nos bagages les plus indispensables, sous la conduite de deux Hottentots de Duplessis et de deux autres que nous avions engagés à Klaarwater.

Nous mîmes trois jours pour atteindre les bords

du Gariep. Notre dernière station avait eu lieu à un endroit nommé *Spuigslang-Fontein*, c'est-à-dire source du Serpent-Cracheur, d'après une espèce de serpent qui a, dit-on, la faculté de lancer ou de cracher sur la personne qui le poursuit un liquide très-venimeux, dont la moindre parcelle, si elle pénétrait dans l'œil, occasionnerait la perte de la vue. Nous n'y rencontrâmes aucun de ces serpents, et par conséquent je n'ai pu vérifier le fait; mais ce que nous y trouvâmes, c'étaient de toutes parts des trous creusés par les Boschesmans du voisinage, pour prendre du gibier au piége. Comme nous y étions arrivés pendant la nuit, ce fut par un heureux hasard qu'aucun de nos bœufs ni de nos chevaux ne tomba dans un de ces fossés.

En arrivant sur les bords du Gariep, nous nous y établîmes pour un jour ou deux. Joseph Duplessis, qui était adroit chasseur, tua ce jour-là un gros oiseau de l'espèce de l'outarde; ses ailes, déployées, n'avaient pas moins de deux mètres trente centimètres d'envergure; et tel était le poids de son corps, que plusieurs hommes de notre caravane ne pouvaient le porter. Ses plumes épaisses, principalement de couleur noire et blanche, le protégeaient si bien, que le plus gros plomb ne l'aurait pas abattu; aussi Joseph l'avait-il tiré avec une balle. Comme gibier, c'est celui de tous les oiseaux du pays qu'on estime le plus, non-seulement à cause de sa grosseur, mais encore parce qu'il abonde toujours en graisse, et que sa chair est excellente au goût. Nous fûmes visités en cet endroit par une demi-douzaine de Boschesmans qui nous vendirent un peu de miel, et à qui nous le payâmes en feuilles de tabac et de chanvre, qu'ils fument comme le tabac; véritable monnaie de ces indigènes, seul intermédiaire d'échange qui ne souffre jamais parmi eux la moindre dépréciation. Nos visiteurs étaient plus grands et plus gros que les Boschesmans que nous avions rencontrés dans les Karreebergen; ils paraissaient aussi plus sauvages, plus féroces même.

A notre dernière halte, notre caravane s'était grossie de plusieurs Hottentots des kraals voisins de Klaarwater, avec leurs femmes et leurs enfants; Adam Kok et quelques autres avaient aussi emmené toute leur famille : de sorte que les femmes et les enfants de tout âge formaient un tiers de notre caravane. L'intention de ces femmes en nous accompagnant était de couper des roseaux pour en faire des nattes, opération à laquelle elles pourraient se livrer sans être inquiétées par les Boschesmans, que notre nombre tiendrait en respect.

Quand nous fûmes au complet, nous poursuivîmes notre route en longeant la rivière d'aussi près que les ravins et les inégalités du sol nous le permettaient. Parmi les femmes qui nous accompagnaient, celles qui étaient déjà d'un certain âge voyageaient assises sur leurs chariots; mais les jeunes montaient toutes des bœufs, qu'elles dirigeaient avec aisance et sans la moindre apparence de peur. Leurs têtes étaient soigneusement enveloppées dans un fichu de coton ou dans une pièce de cuir, et leurs pieds, garnis de chaussures faites avec de la peau d'animal sauvage; mais le reste de leur corps était nu, sinon qu'elles portaient attachés à leur ceinture un certain nombre de petits tabliers en cuir pleins de graisse, qui, ramassés sous elles, servaient à rendre l'épine dorsale de leurs bœufs un siége moins incommode.

Ces tabliers, qu'elles distinguent en kross de devant et kross de derrière, et qui se nouent toujours au-dessus des hanches, sont le seul vêtement qu'elles ne quittent jamais; car le grand kross ou manteau se met et se quitte suivant que la température est plus chaude ou plus froide, suivant qu'il plaît de le mettre ou de le quitter. Le kross de devant est beaucoup plus court que l'autre, et ne descend guère plus bas que les genoux : il ne consiste qu'en deux ou trois petits tabliers, coupés par bandes étroites ou lanières, et qui, à force d'être portés, finissent par avoir l'air d'un paquet de cordes. Nulle autre espèce de vêtement ne saurait moins gêner que celui-là pour marcher. Ces cordes sont souvent ornées à profusion de grains en verre ou en porcelaine de toutes les couleurs; souvent aussi une ceinture en coquilles d'œufs d'autruche fait plusieurs fois le tour du corps. Le kross de derrière est un tablier tantôt simple tantôt double, mais toujours plus large et plus long que l'autre. Telle est quelquefois sa longueur, qu'il balaie presque le sol; mais, en général, il ne tombe point plus bas que le gras de la jambe, et n'est garni d'aucun ornement, parce qu'il sert ordinairement de coussins aux femmes quand elles s'asseyent à terre.

Afin de se garantir du soleil et des injures de l'air, elles ont la précaution de s'oindre le corps avec de la graisse, mêlée d'une certaine poudre odoriférante qu'elles appellent *buku*. Cette poudre est faite des feuilles de diverses plantes aromatiques qu'on laisse sécher, et qu'on broie ensuite entre deux pierres. Quelques-unes de nos compagnes de voyage portaient aux jambes un grand nombre d'anneaux, soit de cuir, soit de cordes artistement tressées, qui leur couvraient depuis le cou-de-pied jusqu'au milieu du mollet. D'autres attachent au-dessous du genou des anneaux de cordes à boyaux recouverts en fil de laiton, ou même de simples cordes de chanvre; plusieurs enfin ont, aux poignets et au-dessus des coudes, des bracelets en grains de verre, de porcelaine ou de métal. Toutes aiment aussi à surcharger leurs doigts de bagues, et s'estiment heureuses d'avoir des pendants d'oreilles en cuivre. La ceinture en coquilles d'œufs d'autruche dont j'ai parlé est un genre de parure très-ingénieux. Elle consiste en une multitude de petits morceaux de coquille parfaitement taillés en rond d'après un diamètre uniforme, et percés chacun au centre d'un trou qui permet de les enfiler les uns au bout des autres en assez grand nombre pour qu'ils passent deux ou trois fois autour du corps. Cette ceinture a l'air d'une corde d'ivoire grosse de trois centimètres, et je ne saurais en donner une idée plus exacte au lecteur, que de la comparer à un de ces longs chapelets de petits moules à boutons en os, tels que les vendent les marchands de mercerie. Tel est le costume ordinaire des Hottentots qui n'ont pas encore jugé convenable d'adopter les habits européens; on ne trouve plus ce costume dans l'intérieur de la colonie, et même il tend à disparaître chez les peuplades indépendantes, mais qui entretiennent des relations habituelles avec les colons. La description que je viens d'en faire, sauf quelques modifications par rapport aux différentes tribus, peut s'appliquer à toute la partie de l'Afrique méridionale que j'ai explorée.

Le costume national des hommes est encore plus simple, et il semble impossible qu'on puisse réduire les vêtements avec plus de rigueur à ce qu'exige la décence. Le manteau, appelé kross, fait d'une peau d'animal, leur couvre les épaules et le dos jusqu'aux cuisses; c'est la toge des Romains, moins l'élégance de la draperie. Ce vêtement est composé, pour les riches, de peaux de tigre ou de chats sauvages; ceux du peuple ne sont que de peaux de mouton, dont le côté laineux se tourne en dehors pendant l'été. Pour tout autre vêtement, ils portent au milieu du corps une bande de cuir à laquelle est suspendue par devant un morceau de peau de chacal pour couvrir leur nudité. Tous font usage de souliers ou de sandales, mais seulement quand l'inégalité de la route ne leur permet pas de marcher nu-pieds. Beaucoup des habitants du district de Klaarwater sont encore habillés de cette manière, qui est l'ancien costume que portaient les Hottentots du Cap du temps de Kolbe et des voyageurs du commencement du xviiie siècle. Plus de la moitié des habitants de Klaarwater sont vêtus à l'européenne.

Après une marche assez pénible, nous arrivâmes dans un endroit ombragé de beaux arbres, à peu de distance de la rivière sur les bords de laquelle croissait une grande quantité de joncs. Ce lieu nous parut si agréable, que nous résolûmes de nous y fixer quelque temps, et d'y établir notre quartier général pendant les excursions et les parties de chasse que nous comptions faire dans les environs.

Le lendemain, dès la pointe du jour, notre campement offrit de toutes parts un spectacle pittoresque; d'un côté, c'était une partie de nos compagnons et de nos compagnes de voyage qui, pour se délasser de leurs fatigues, se baignaient à peu de distance; de l'autre, on voyait des troupes de femmes occupées à couper des joncs, tandis que de jeunes filles, assises à l'ombre, fabriquaient de la corde avec de l'écorce d'acacia, pour confectionner des nattes avec les joncs recueillis par leurs mères ou leurs sœurs. Plus loin, parmi les hommes de la caravane, c'était une activité non moins grande, un vacarme non moins amusant. Ici les chasseurs se préparaient à faire une excursion en remontant la rivière; les uns nettoyaient leurs fusils et se hâtaient de les charger; les autres attachaient leurs gibecières et leur corne à poudre; ceux-ci sellaient leurs bœufs ou leurs chevaux, y montaient lestement, ne doutaient pas du succès de leur chasse, et promettaient à leurs femmes et à leurs enfants un abondant festin lors de leur retour; enfin ceux-là, plus expéditifs, appelaient en sifflant leurs chiens, mettaient leurs montures au trot, et, s'élançant à travers le taillis, ne tardaient pas à disparaître.

Ailleurs des fabricants d'ustensiles de bois, accroupis à côté de leurs chariots, exerçaient leur industrie, transformant des rondins de saule encore verts en écuelles et en vases de différentes formes pour mettre de l'eau ou de la graisse fondue.

La nouvelle de notre arrivée se répandit bientôt dans le voisinage, et quatorze Boschesmans, d'un kraal situé à plusieurs milles de l'autre côté de la rivière, vinrent nous rendre visite dans la matinée. Leur langue était tout à fait différente de celle des Boschesmans que j'avais rencontrés précédemment; et j'ai ouï dire qu'il y avait parmi la race boschesmane une si grande variété de dialectes, que dans bien des cas deux kraals voisins l'un de l'autre ne pouvaient se comprendre sans peine. Celui de nos visiteurs abondait tellement en syllabes sifflantes, que la prononciation de tous les mots était accompagnée d'un long sifflement, et que quelquefois même ce sifflement se répétait dans celle d'un seul mot. Les naturels qui nous visitèrent étaient tous hommes et légèrement armés : leurs femmes, moins habiles qu'eux à nager, étaient restées de l'autre côté de l'eau; leur but était autant de protester de leurs bonnes dispositions à notre égard, que de solliciter du tabac et quelques petits cadeaux. Nous leur fîmes bon accueil, et toute leur méfiance disparut bientôt. Nous leur distribuâmes de la nourriture, et dès lors ils se mêlèrent à nos gens, s'assirent près d'eux, préparèrent sur des charbons la viande que je leur avais distribuée, enfin se sentirent vraiment à leur aise; mais ce ne fut qu'au prix d'une forte quantité de tabac que je décidai l'un d'eux à se tenir immobile pendant quelques minutes, afin que je pusse faire son portrait au daguerréotype. Quand je l'eus terminé, sa frayeur, comme aussi celle de ses camarades, fut si grande à la vue du dessin qui le représentait, qu'il me fallut pour le rassurer lui donner une récompense double et y ajouter une ration d'eau-de-vie.

Au moment où ils nous quittèrent, on nous apporta la nouvelle qu'un hippopotame avait été tué à peu de distance par le capitaine Adam Kok. Sans perdre de temps, tous les Hottentots, comme s'ils n'eussent pas mangé de huit jours, abandonnèrent leurs différentes occupations, et se précipitèrent du côté qu'on indiquait. Quelques-uns seulement eurent la prudence de rester pour garder les chariots. Joseph suivit les autres à cheval, et moi-même, après quelque hésitation, je me décidai à en faire autant. Après un quart d'heure de marche, nous nous dirigeâmes du côté où nous entendîmes les voix criardes de nos compagnons, et, en moins de cinq minutes, nous les aperçûmes eux-mêmes à travers les arbres.

C'était bien la scène la plus curieuse qu'on puisse imaginer. Ils avaient, secondés par le courant, amené l'animal près du bord; mais le tirer hors de l'eau, là était vraiment la difficulté. En effet, quoiqu'il ne fût encore que de moyen âge, que ce qu'ils appelaient un veau, sa grosseur égalait au moins celle de deux bœufs; et, malgré leurs efforts réunis, ils ne l'auraient pas soulevé, si les Boschesmans qui nous avaient visités le matin, et qui n'étaient pas encore repartis, n'étaient venus à leur secours. Enfin on réussit à le faire rouler sur l'herbe de la rive, et aussitôt tous ceux qui possédaient un couteau se mirent à le dépécer.

L'animal était tout entier d'une couleur uniforme, qu'on peut exactement imiter avec une légère teinte d'encre de Chine. Sa peau, épaisse

Ils avaient amené l'hippopotame près du bord; mais le tirer hors de l'eau, là était la difficulté.

de plus de cinq centimètres et à peine flexible, lui fut arrachée de dessus le corps, comme si l'on eût déchiré les planches d'un fond de bateau. Elle fut soigneusement divisée en plusieurs pièces propres à fournir ensuite des lanières dont se font les fouets. Les côtes étaient couvertes d'une profonde couche de graisse, renommée comme un mets exquis et connue parmi les colons sous le nom de *zeekoo-speck'*, ou lard de vache marine. On ne peut conserver cette graisse qu'en la salant; car, lorsqu'on essaie de la sécher au soleil de la même manière que les autres parties de l'animal, elle se fond et disparaît. Le reste de la chair, qui ne consistait absolument plus qu'en maigre, fut coupé par vastes tranches, comme la chose se pratique pour toute autre espèce de gibier, lesquelles furent suspendues aux branches d'alentour, afin que les rayons du soleil les y séchassent, sauf la portion qui allait être immédiatement dévorée.

L'animal avait été tué par deux balles seulement, mais qui toutes deux avaient pénétré dans la tête. Il est fort rare que les hippopotames soient blessés dans aucune autre partie du corps, non pas que le reste de la peau soit impénétrable à la balle, ainsi qu'on l'a souvent répété, et ce qui n'est qu'un conte inventé à plaisir; la vérité est que comme l'hippopotame ne quitte presque jamais les rivières, si ce n'est la nuit, comme le jour il aventure rarement plus que sa tête au-dessus de l'eau, le chasseur ne peut viser aucune autre place.

Quand le haut de sa tête dépasse seule la surface liquide, on croirait véritablement voir une tête de cheval, ce qui peut justifier assez le nom d'hippopotame ou cheval de rivière que lui ont donné les anciens; mais cette circonstance prouve, suivant moi, que les anciens n'avaient pas eu beaucoup d'occasions de voir l'animal entier; autrement ils auraient reconnu que, de tous les quadrupèdes, celui-ci, pour la forme et la tournure générale, ressemble moins au cheval qu'aucun autre. Je ne vois pas pourquoi les colons du Cap l'ont appelé *vache marine*; car, sous quelque rapport que ce soit, cet animal n'a pas la moindre ressemblance avec une vache.

En un instant, le bord de la rivière ressembla à l'étalage d'une boucherie; à voir les branches affaissées jusqu'à terre par le poids des tranches de viande dont elles étaient garnies, vous eussiez pris chaque arbre pour un étal de boucher. De quelque côté que je tournasse la tête, je ne voyais que des hommes, des femmes et des chiens qui mangeaient. Plusieurs grands feux étaient encombrés de cuisiniers; enfin je n'entendais autour de moi qu'un bruit confus de mâchoires qui fonctionnaient. Je ne prétends toutefois pas dire qu'il y eût à cela rien de répréhensible, car je ne tardai pas moi-même à suivre l'exemple des autres, et je confesse qu'après une longue et fatigante promenade, après huit heures de jeûne, une tranche d'hippopotame grillée me parut une chose nullement à dédaigner.

Les ombres allongées des arbres environnants commencèrent à m'avertir que le soir approchait, et qu'il était temps de retourner à notre campement. Nous revînmes à cheval Joseph et moi, suivis de quelques Hottentots à pied ou montés sur des bœufs, tandis que Kok et ses gens devaient rester toute la nuit sur place pour faire la garde du gibier et pour achever de le sécher le jour suivant.

CHAPITRE XI

Visite à la cataracte du roi Georges. — Description de cette cataracte. — Retour à Klaarwater. — Itinéraire de Klaarwater à Littakou. — L'interprète Muchunka. — Les deux vieilles Betjouanas. — Visite de quelques Bachapins. — Leur surprise en nous entendant lire des mots de leur langue dans nos albums. — Arrivée à Littakou. — Présentation au chef et aux principaux personnages ou *kosies*. — Réception. — Visite des femmes. — Nous nous installons dans l'enclos royal.

Le lendemain, je témoignai à Joseph le désir d'aller visiter la fameuse cataracte dont j'ai parlé, et qui ne devait pas être très-éloignée de notre camp. Mais les Hottentots de Klaarwater, à qui je m'adressai pour me servir de guides, me répondirent qu'elle était encore à plusieurs jours de marche. Je crus que c'était une défaite, parce qu'ils ne se souciaient pas de quitter les bords du fleuve au moment où la chasse s'annonçait abondante, et je chargeai Philip de les sonder pour tâcher de savoir la vérité.

« Il y a effectivement, me répondit-il après son enquête, plusieurs jours de marche en suivant le cours du fleuve, à cause des détours que fait la rivière; mais il existe un chemin beaucoup plus court, seulement aucun d'eux ne prétend le connaître; toutefois, il y a non loin d'ici un kraal de Koras où ils s'offrent de vous conduire, et là vous trouverez facilement des guides pour aller à la cataracte. »

Je les pris au mot, et, moyennant salaire, deux Hottentots consentirent à nous guider jusqu'au kraal. Les Koras de ce village nous firent un accueil très-amical, et aussitôt après notre arrivée je les interrogeai sur la cataracte en question. J'appris avec un vif plaisir qu'elle n'était pas à plus de douze milles de leur kraal, et qu'ils se chargeaient de m'y conduire quand je le désirerais. Comme il était trop tard ce jour-là, nous remîmes la partie au lendemain.

Nous partîmes donc le lendemain matin, escortés de cinq Korannas que j'avais décidés à nous accompagner à pied. Après une bonne heure de marche, nous nous retrouvâmes sur le bord du Gariep, et bientôt, à mesure que nous approchions, la voix de la cataracte commença à se faire entendre comme le bruit du tonnerre dans le lointain. Cependant nous avions encore un pénible trajet à franchir avant d'arriver au but de notre voyage, car nous en étions séparés par un bras de la rivière, et au delà par plusieurs milles d'un terrain sauvage et couvert de bois. Le bras principal et intermédiaire du Gariep qui forme la cataracte traverse une espèce d'île d'une étendue considérable, couverte de rochers et de bois, et bornée de tous côtés par des courants d'eau. Lorsque nous eûmes passé le petit bras de la rivière, qui n'est à cette époque qu'un faible ruisseau, nous continuâmes de suivre les Korannas pendant plusieurs milles à travers une forêt épaisse d'acacias. Le bruit terrible de la cataracte croissait à chaque pas. Nous arrivâmes enfin à une chaîne de rochers, et nous fûmes forcés de descendre de cheval pour suivre nos guides à pied. Nous laissâmes nos montures à la garde de

Philip, et nous poursuivîmes notre route. On eût dit que nous entrions sous le portique mystérieux de l'un des plus magnifiques temples de la nature, et les sauvages ignorants qui nous conduisaient semblaient témoigner par le recueillement et la circonspection avec laquelle ils marchaient, qu'eux aussi cédaient à l'empire du *genius loci*. Ils nous invitèrent à plusieurs reprises à nous tenir derrière eux et à les suivre lentement, parce que les précipices étaient dangereux pour les pas des hommes, et la vue ainsi que le bruit de la cataracte étaient si terribles, qu'eux-mêmes n'envisageaient ce lieu qu'avec effroi et ne se hasardaient que rarement à le visiter. Enfin ils s'arrêtèrent tous, et nous invitèrent à en faire autant. Un d'eux s'avança vers le bord du précipice, et, après l'avoir examiné avec précaution, il me fit signe d'avancer. J'obéis, et j'eus sous les yeux une scène aussi curieuse qu'imposante. Cependant ce n'était pas encore la cataracte. C'était une écluse formée par le volume presque entier des eaux de la rivière, resserrées dans un canal étroit d'à peine seize mètres, où elles descendaient en décrivant un angle de près de quarante-cinq degrés, et, se précipitant en tumulte à travers un soupirail noir et tortueux creusé au milieu des rochers et d'une effrayante profondeur, elles s'échappaient en torrents d'écume. Quoique ce fût indubitablement la première fois que nos noirs conducteurs amenaient des étrangers admirer cette merveille de leur pays, ils faisaient preuve d'un tact particulier comme *ciceroni*, et d'un sentiment naturel du pittoresque dont j'étais également charmé et surpris. Ils nous avaient prévenus que ce n'était pas encore la cataracte; maintenant ils nous guidèrent pendant un mille environ le long des rocs : quelques-uns se tenaient à nos côtés, nous avertissant continuellement de regarder à nos pieds, parce qu'un seul faux pas nous eût précipités dans des abîmes, où l'eau s'engouffrait avec un fracas qui semblait faire trembler sur leurs bases les rochers qui nous entouraient. Enfin nous nous arrêtâmes comme la première fois, et l'instant d'après nous fûmes conduits sur un rocher en saillie, d'où nous aperçûmes une scène bien supérieure à tout ce que j'avais pu me représenter. Toutes les eaux de la rivière (à l'exception de ce qui s'en échappe par le canal secondaire que nous avions traversé, et par un autre canal semblable sur la rive opposée), après avoir été resserrées dans un lit de trente-cinq mètres de large environ, se précipitent à la fois en magnifiques cascades perpendiculaires de plus de trente mètres de haut. Nous étions placés sur un rocher presque de niveau avec le sommet de la cataracte et exactement en face. Les rayons du soleil couchant tombaient en plein sur la cascade, et occasionnaient le plus magnifique arc-en-ciel; les nuages de vapeurs que les eaux formaient en se brisant, la riche verdure des bois suspendus sur les collines environnantes, le fracas assourdissant de la cataracte, et au bas le bouillonnement tumultueux du courant qui tournoyait en s'échappant par un canal profond, noir et étroit, formaient un ensemble de beauté et de grandeur tel que je n'en avais jamais vu. La majesté de la nature rendait inaccessible à la crainte du danger, et après une courte pause je me hâtai de quitter ma position pour voir de plus près, du haut d'un rocher qui s'élevait plus directement au-dessus du gouffre écumant. A peine y étais-je arrivé, que je me sentis saisir par quatre Korannas, qui m'enlevèrent en même temps par les bras et par les jambes. Ma première pensée fut qu'ils allaient me lancer dans le précipice;

cette idée ne dura qu'un instant, car Joseph se hâta de m'expliquer les craintes et les intentions de nos guides; mais ceux-ci en furent affligés. Ces bons sauvages appartenaient à une race timide, et ils avaient craint que ma témérité ne m'exposât à quelques dangers. Après m'avoir éloigné du précipice, ils me donnèrent en mauvais hollandais une explication de leur conduite et me demandèrent pardon. Je fus touché de leur intention. Quoique j'eusse volontiers maudit leur zèle officieux, je revins à mon poste pour prendre une vue de cette scène extraordinaire; j'avais emporté avec moi mon appareil photographique; mais je ne pus trouver une position convenable pour le placer, et après quelques essais, je n'obtins qu'une épreuve très-imparfaite. Je me décidai alors à dessiner ce point de vue au crayon; mais mon esquisse, ébauchée à la hâte, était trop au-dessous de la réalité pour me satisfaire. Il aurait fallu l'habile pinceau d'un artiste pour représenter, non-seulement la cascade elle-même, mais le caractère de toute la contrée environnante, hérissée de rocs, avec des cavernes et des bois impénétrables, et l'aspect désolé des monts Gariépins sur le dernier plan; tout cela s'harmoniait bien avec la grandeur sauvage de la cataracte, qui excita en moi une impression qui ne s'effacera jamais (1).

Au sortir de cette cascade magnifique, la rivière coule dans un canal étroit d'environ deux milles de longueur, profond d'environ cent cinquante mètres, et qui paraît avoir été creusé dans le roc depuis des siècles par la force du courant.

Dans l'automne, quand la rivière est haute, la chute doit être beaucoup plus belle; mais dans cette saison elle est probablement inaccessible. En effet, il est évident que la masse des eaux qui ne peut s'échapper par ce passage se précipite alors avec impétuosité dans les deux canaux secondaires que nous trouvâmes presque à sec, et même qu'elle déborde sur le pays boisé qui les sépare, pays qui dans les autres saisons forme une espèce d'île, comme je l'ai dit.

Pressés par l'approche du soir et les importunités de nos guides, nous nous arrachâmes avec

(1) Thomson, qui a visité cette cascade en 1824, lui a donné le nom de *cataracte du roi Georges*, en l'honneur du roi d'Angleterre. La description que nous en donnons ici est en partie traduite de son voyage: *Thomson's travels in South-Africa*.

peine au spectacle imposant que j'ai vainement essayé de décrire. Nous nous hâtâmes de revenir à leur kraal, où nous nous reposâmes quelques instants, puis nous repartîmes pour notre campement, où nous arrivâmes au milieu de la nuit.

Deux jours après, nous retournâmes à Klaarwater. Après avoir encore demeuré une semaine dans ce village afin de terminer nos préparatifs pour la continuation de notre voyage dans l'intérieur, nous nous mîmes en route dans la direction de Littakou. Nos bœufs, qui avaient parfaitement recouvré leurs forces à la source de l'Élan, étaient aussi frais qu'à notre départ du Cap, et tous mes gens paraissaient on ne peut mieux disposés. J'avais augmenté le personnel de notre troupe d'un interprète nommé Muchunka, surnommé *Keer* par les Hottentots. Cet homme était né à Littakou d'un père bachapin et d'une mère kora, de sorte qu'il possédait également bien les deux langues. En outre, une longue résidence à Klaarwater, et même plusieurs visites qu'il avait rendues à la ville du Cap, lui avaient acquis une connaissance passable du hollandais. Sa femme était hottentote. Toute sa richesse consistait alors en une seule vache; et comme cette vache était la première qu'il eût jamais possédée, il en parlait avec la satisfaction, avec l'importance d'un riche parvenu qui parle de ses propriétés; car, à ce qu'il paraît, son nom de Muchunka, qui signifie *pauvre*, lui avait été donné à juste titre. Il habitait une hutte en commun avec un Hottentot, à la protection duquel il laissait sa femme, ses enfants, et surtout sa vache. Tandis qu'il nous avait donné ces différents détails, soit de lui-même, soit en réponse à nos questions, il s'était souvent interrompu pour témoigner la crainte que nous ne voulussions l'emmener au delà de Littakou, et cette crainte l'avait quelque temps fait balancer à nous suivre. Mais, à force de lui répéter qu'il aurait pleine et entière liberté de nous quitter à cette ville, nous étions enfin parvenus à détruire les préventions fâcheuses que lui avaient données ses amis sur les périls de l'expédition dans laquelle nous voulions l'engager. Quand toutes ses frayeurs avaient été bien calmées, il était venu demeurer avec nos gens près de notre chariot; et depuis cette époque il ne paraissait pas moins se plaire à son nouveau service, que nous n'étions nous-mêmes contents de notre nouveau domestique. Il avait, en effet, une vivacité de manières et de conversation qui se faisait d'autant plus remarquer à son avantage, qu'elle contrastait avec les mouvements lents et avec l'apathie flegmatique de nos Hottentots. Un ton de voix animé, et des gestes vifs dont il accompagnait ses paroles, étaient choses dont nous avions perdu l'habitude depuis que nous voyagions hors de la colonie. Joseph et moi, nous prîmes aussi de lui des leçons de betjouana, langue parlée par toutes les nombreuses tribus de race cafre connues sous le nom de Betjouanas, et par conséquent par les Bachapins, une des plus importantes de ces tribus, dont nous allions visiter le territoire et la capitale Littakou.

Notre voyage, de Klaarwater à Littakou, dura près d'un mois, et s'accomplit sans incident remarquable, à travers une contrée ouverte, sablonneuse et assez bien arrosée. Nos chasseurs tuèrent assez de gibier, pour que nous eussions toujours de la viande fraîche et en abondance.

Nous cheminâmes pendant près de trois semaines sur le territoire des Bachapins, sans rencontrer un seul habitant du pays. Enfin nous en vîmes plusieurs qui se présentèrent à nous d'une manière on ne peut plus paisible, je dirais presque timide. Un jour Speelman, qui parcourait la plaine en chassant, revint tout effaré vers nous, en nous disant qu'il avait aperçu au loin deux Cafres (c'est le nom que les Hottentots donnent aux Betjouanas), qui, en le voyant, s'étaient aussitôt tapis sous des buissons, et qu'il n'avait pas cru prudent de s'approcher d'eux. Muchunka, ayant entendu ce récit, et moins timide que Speelman, ne craignit pas de se diriger vers l'endroit que lui indiquait son camarade, et bientôt il nous ramena ses deux compatriotes. Or ces gens, que Speelman avait trouvés si formidables, n'étaient autres que deux vieilles femmes qui cherchaient des racines, et qui à la vue de notre chasseur, dont le costume différait tant de celui des hommes de leur pays, avaient été elles-mêmes effrayées et s'étaient cachées de peur. Mais Muchunka parvint sans peine à leur persuader de venir à notre chariot, en leur promettant qu'elles y feraient un bon repas. Ces pauvres femmes avaient le visage et le corps si décharnés, qu'il était facile de supposer que, depuis plusieurs semaines, elles n'avaient pas pris une nourriture suffisante. Quand nous eûmes généreusement satisfait leur faim, elles retournèrent vers leurs demeures. Cet incident, comme on le pense bien, prêta à rire aux dépens de Speelman, et augmenta l'importance de Muchunka.

Un autre jour, pendant notre halte, nous reçûmes la visite de quatre Bachapins, qui se rendaient de Littakou à Sansaran avec d'autres naturels et plusieurs bœufs de somme pour en rapporter du *sibilo* (1). Poussés par la curiosité, ils avaient

(1) Le *sibilo* est une poudre ferrugineuse, luisante et onctueuse, que les indigènes mêlent avec de la graisse pour s'en couvrir le corps, et surtout la tête; leur chevelure en est quelquefois tellement chargée, qu'elle ressemble à une masse de métal ou de minerai. Quand ils n'ont pas de coiffure, cette couche de poudre ferrugineuse les garantit au moins des coups de soleil. Cette substance se trouve en grande quantité au rocher ou colline appelée *Sousaran* par les indigènes et *Blink-Klip* (roche brillante) par les Hottentots, et situé sur la route de Klaarwater à Littakou. Toutes les peuplades voisines viennent se pourvoir à Sansaran de cette poudre si estimée chez elles; et celles qui demeurent plus loin se la procurent par la voie des échanges, en sorte que le sibilo du rocher brillant se trouve répandu dans une étendue de pays équivalant à cinq degrés de latitude. Burchell, voyageur anglais qui a visité ce pays en 1820, a préparé avec le sibilo une couleur qu'on peut employer dans la peinture à l'huile et dans les dessins à l'aquarelle.

Le même voyageur visita la caverne de ce rocher; le sol y est couvert de poudre luisante; si cette caverne, comme il est probable, a été creusée par les indigènes pour se procurer de la poudre, il faut que l'usage de cette substance dure depuis un temps extrêmement reculé.

laissé leurs compagnons et leurs bœufs continuer directement leur route, pour venir nous voir. Ils tenaient à la main chacun deux ou trois zagaies pour toute arme, et ne portaient pour tout vêtement qu'un kross de peau rouge, qui dans leur langue s'appelle *kobo*. Ils n'avaient avec eux aucun ustensile de cuisine, pas même un vase de cuir pour boire, car ils boivent toujours avec leur main et d'une manière fort bizarre, non pas, comme on pourrait le supposer, en prenant le liquide dans la paume, mais en se penchant le corps sur le ruisseau ou sur l'étang, et en jetant l'eau à leur bouche avec leurs doigts qu'ils tiennent droits et très-serrés les uns contre les autres. J'ai souvent admiré l'adresse que déploient à ce manége ceux qui depuis l'enfance y sont habitués, sans rire moins souvent de ceux qui, voulant les imiter, s'aspergeaient la figure au lieu de parvenir à diriger l'eau entre leurs lèvres béantes.

Nos visiteurs répondirent d'abord aux questions que leur adressait Muchunka, d'un ton bas et réservé, pourtant non timide; mais bientôt ils causèrent avec aisance et gaieté. Ce qui surtout me plut en eux, comme faisant contraste avec l'apathique physionomie de la plupart des Hottentots, ce fut l'air de vivacité, de finesse et d'intelligence répandu sur leur visage. En s'adressant à moi, ils me donnèrent le titre de père; car telle est leur manière habituelle et la plus respectueuse de parler à un supérieur, et ils avaient remarqué, quoique nous fussions deux hommes blancs, que j'étais le chef de la caravane. Je leur donnai du tabac et de la viande; ils mangèrent avec appétit, et pourtant sans cette voracité habituelle aux Hottentots. Quand ils eurent allumé leur pipe, nous nous amusâmes, Joseph et moi, pour vérifier si ce que Muchunka nous avait appris de la langue betjouana était exact, à leur lire différents mots et différentes phrases que nous avions recueillis sur nos albums; ils les comprirent sans peine, et, supposant aussitôt que nous avions une connaissance passable de leur idiome, ils se mirent à nous accabler de questions auxquelles il nous était impossible de répondre. Quand ils s'aperçurent enfin que nous pouvions seulement parler lorsque nous regardions dans notre livre, ils demeurèrent les yeux fixes et la bouche béante, étonnés et du livre et de nous, incapables de se figurer que la chose blanche que nous tenions à la main nous montrât ce que nous avions à dire, et comment, en y regardant, nous en savions plus long qu'en n'y regardant pas; mais le rôle le plus burlesque de cette petite comédie fut joué par Muchunka, qui, malgré les nombreuses explications que nous lui en avions données, ne concevait pas encore le but de l'écriture; il se déclara donc fort surpris de notre vaste mémoire qui avait si bien retenu tout ce qu'il nous avait enseigné, même des mots qu'il n'avait prononcés qu'une fois. Quand je lui répliquai que c'étaient les raies noires qu'il nous avait souvent vu faire sur notre album qui nous indiquaient les mots que nous devions prononcer, il fut pris d'un rire fou, et me demanda à voir les mots à mesure que je les prononçais. Je les lui montrai; alors sa gaieté ne connut pas de borne; ses compatriotes, revenus de leur première surprise, éclatèrent à leur tour; et moi, fermant mon album, je ne pus m'empêcher, à voir les grotesques contorsions de leurs figures, de suivre leur exemple, ce que fit aussi Joseph, qui avait essayé en vain de conserver sa gravité. Bientôt nos visiteurs nous quittèrent et se mirent à courir pour rattraper leurs compagnons.

Plus nous approchions de la vallée où s'élève Littakou, plus la terre devenait inégale et rocailleuse. Une multitude de bœufs que gardaient plusieurs bergers, et des habitants épars çà et là, nous montrèrent bientôt que nous n'étions plus éloignés de la ville. D'étroits mais nombreux sentiers, suivant tous une direction générale, ne tardèrent pas à éveiller mon attention sur sa grandeur inattendue, car je n'avais encore pu recueillir aucun enseignement précis à cet égard. Enfin le plus agréable spectacle que notre voyage nous eût offert jusqu'alors se développa sous nos yeux; une partie de Littakou s'étendait devant nous. Dès lors, à mesure que nous approchâmes davantage et que nous montâmes à une grande élévation, le nombre des maisons qui semblaient surgir indéfiniment, et se prolonger jusqu'aux bornes de l'horizon, ne cessa d'augmenter mon étonnement. Ces maisons occupaient en groupes détachés une portion de la plaine qui n'avait pas moins de deux kilomètres de diamètre, et nos yeux avides en examinaient déjà la forme nouvelle malgré l'éloignement.

Dès que notre chariot eut presque atteint les premières habitations irrégulièrement parsemées aux abords de la ville, et que nous eûmes été aperçus par les habitants, ils s'attroupèrent autour de nous, et la foule grossit à chaque pas. Tous paraissaient charmés de nous voir et nous suivaient avec empressement. Les maisons n'étaient nulle part ni rangées en rues ni placées d'après aucun plan, mais répandues au hasard; ici très-espacées les unes des autres, là au contraire tellement rapprochées, que nous ne pouvions passer entre elles. Muchunka, qui était d'une joie délirante, nous guidait à travers cette espèce de labyrinthe vers la demeure du chef ou roi. Voulant par quelque marque montrer à ses compatriotes combien il leur était supérieur, il s'était équipé, pour faire son entrée dans la capitale, d'un fusil en bandoulière et d'une giberne, et affectait un air de fierté vraiment comique. Nos autres gens, dont deux étaient à cheval tandis que le reste marchait à pied, et qui tous n'étaient pas plus rassurés qu'il ne fallait au milieu de la foule toujours croissante, formaient un petit corps compacte à la suite du chariot. Philip seul, assis sur le devant du chariot, agitait son long fouet sans paraître le moins du monde troublé par la présence des innombrables étrangers qui nous entouraient. Joseph et moi, montés sur nos chevaux, nous marchions en tête de la caravane, précédés de notre guide Muchunka.

Nous parvînmes enfin à la demeure du chef : elle n'avait absolument rien qui la distinguât de celles des autres habitants, rien qui indiquât qu'elle appartenait à un homme dont l'autorité était reconnue dans une ville si vaste et par une tribu puissante. Dès que nous eûmes fait halte, la foule qui nous environnait s'arrêta également, en gardant un profond et religieux silence. Je m'attendais à voir sortir de la demeure royale quelque officier qui vînt à notre rencontre; mais, au bout de dix minutes, voyant que personne n'arrivait, je demandai à Muchunka comment je pourrais être introduit auprès du grand chef pour lui présenter mes hommages.

« Vous le pouvez immédiatement, me répondit-il; vous voyez autour de vous tous les principaux personnages de Littakou ! pas un n'y manque. Voici d'abord Serrakoutou, l'oncle de Mattivi, le grand chef... »

A peine m'eut-il été ainsi présenté, que ce personnage m'adressa la parole, et me tint un petit discours qui dura au moins cinq minutes, et auquel je ne compris pas un mot. Muchunka, sans m'en donner l'explication, me désignant un autre individu qui se trouvait à mon côté, m'apprit que c'était Mattivi lui-même. Le neveu, par sa taciturnité et par la réserve de ses manières, formait un contraste frappant avec son oncle, qui, peu à peu s'enhardissant à me parler, ne cessait de babiller à mes oreilles.

Mattivi, dans son extérieur, ne différait aucunement des personnes que je voyais autour de nous. Par rapport à ses compatriotes, il n'était ni grand, ni petit, mais d'une taille moyenne; ni gros, ni maigre, mais d'un embonpoint ordinaire. Seulement il n'avait pas cette franchise de physionomie, cet air de bonté qu'on remarquait chez quelques-uns de ses voisins. Il portait un simple manteau de cuir pour vêtement, et avait autour du cou pour parure une grosse torsade de cordes à boyau tressées; un rang de gros grains en verre alternativement blancs et rouges, et plusieurs petites cordes de chanvre desquelles pendait, suivant la coutume générale, un couteau de fabrique betjouana. Il avait la tête et les pieds nus; mais sa chevelure était enduite d'une épaisse couche de graisse mêlée de sibilo, qui la faisait briller d'un lustre métallique. A son bras gauche, au-dessus du coude, étaient cinq larges anneaux d'ivoire. Il semblait avoir passé la quarantaine; peut-être cependant n'était-il pas si âgé, car ses manières graves et posées d'une part, et l'intarissable loquacité de son oncle de l'autre, paraissaient rapprocher leurs âges beaucoup plus qu'ils ne l'étaient en réalité. Une barbe plus touffue que ne la portent communément les Bachapins, qui souvent n'en ont aucune, contribuait à le vieillir.

Lorsque nous eûmes fait connaissance, il resta encore quelque temps immobile, mais sans m'adresser la parole, et écoutant seulement avec attention la conversation de Serrakoutou et de ses frères avec moi. Les frères du chef étaient au nombre de trois et se nommaient Mollemmi, Molaali et Mahura. Pendant un quart d'heure, notre entretien fut assez décousu et passablement languissant, parce qu'il fallait le faire passer par la bouche de notre interprète; or cet homme, se retrouvant au milieu de ses compatriotes, qui presque tous étaient de ses vieux amis, et l'interpellaient familièrement par son nom, continuait souvent la conversation pour son propre compte et pour son plaisir; ils me laissaient alors deviner par leurs regards et leurs gestes, ou par un mot que de loin en loin je réussissais à saisir, le sens des paroles qu'ils échangeaient entre eux.

Pendant tout ce temps-là nous étions restés debout, lorsque le chef me témoigna le désir de s'asseoir. Nous nous accroupîmes aussitôt à terre, selon la mode africaine; le chef se plaça vis-à-vis de moi, son frère Mollemmi se mit à côté de Joseph, tandis que les différents membres de la famille royale et les principaux personnages qui portent le nom de *kosies* formèrent autour de nous un cercle profond de deux ou trois rangs; les simples particuliers restèrent debout, et nous entourèrent d'aussi près que possible. Serrakoutou et Mollemmi me demandèrent alors, par l'intermédiaire de Muchunka, différents détails relatifs à notre voyage; je répondis à toutes leurs questions, mais en adressant directement la parole à Mattivi, comme si c'était lui qui m'eût interrogé; puis, à mon tour, je lui demandai s'il nous permettrait de séjourner à Littakou. Il me répéta que nous y séjournerions tant que cela nous ferait plaisir; ensuite, se levant, il sortit du cercle. La foule s'ouvrit sans bruit ni confusion pour faire passage au chef. Celui-ci reparut bientôt, tenant de chaque main une petite calebasse pleine de lait. Sans rien dire, il m'en offrit une, et l'autre à Joseph, en nous invitant par signe à accepter ce présent comme un témoignage de son amitié. Dès que nous eûmes achevé de boire le lait, cérémonie qui sans doute était regardée comme le gage de l'hospitalité que nous offrait le chef, celui-ci se leva de nouveau, et, sans cérémonie, quitta le cercle pour n'y plus revenir. L'assemblée se dispersa aussitôt; je remontai dans mon chariot avec Joseph, en chargeant mes Hottentots de dételer nos bœufs et de les conduire avec nos autres animaux dans la campagne hors de la ville.

Mais à peine étions-nous entrés dans notre maison roulante, qu'une nouvelle foule de curieux nous arriva. Jusqu'alors nous n'avions eu affaire qu'à des hommes mûrs; cette fois, ce furent les femmes des plus riches habitants qui, avec les plus jeunes de leurs fils et de leurs filles, vinrent nous rendre visite. Ces nouveaux visiteurs, afin qu'ils pussent tous nous voir, se rangèrent les uns derrière les autres sur une seule file et par rang de taille, au bout de notre chariot, qui était ordinairement ouvert; et, pour que leur curiosité fût plus tôt satisfaite, nous allâmes nous-mêmes à l'extrémité, comme à un balcon, nous offrir à leurs regards. Tous tinrent longtemps les yeux fixés sur nous avec un degré peu commun d'intérêt et de surprise : c'était, à ce qu'il semble, la première fois que la plupart voyaient des hommes blancs. Quand les dames nous eurent contemplés à leur aise, elles rompirent leurs rangs, prirent leurs enfants par la main, et regagnèrent chacune leur demeure.

Comme si nous ne devions pas être libres un seul instant, dès qu'elles se furent éloignées, Mattivi, son oncle et un de ses frères, vinrent s'asseoir avec nous dans le chariot. Les manières du premier, quoiqu'il jugeât convenable de paraître encore grave et froid, furent un peu plus familières à cette seconde entrevue ; du moins renonça-t-il à ce parti pris d'apathie et de silence qu'il avait cru devoir affecter en présence des notables de la ville. Il me montra à peu de distance un vaste enclos circulaire, entouré d'une haie de branches sèches, où il désirait que stationnât notre chariot, parce que, disait-il, sur la voie publique où nous nous trouvions alors, nous étions trop exposés aux importunités de la multitude. J'acceptai cette offre avec empressement, et j'ordonnai à nos gens de traîner le chariot dans l'enclos désigné; car la terre était si unie, et la distance si courte, qu'on pouvait se dispenser d'atteler les bœufs, et, en effet, ils exécutèrent sans peine cette manœuvre. Nous cependant nous restâmes assis comme nous l'étions, et ce fut comique de voir le roi des Bachapins, qui avait siégé quelques heures auparvant au milieu d'une grande assemblée de ses principaux sujets, avec une telle gravité qu'à peine se permettait-il de répondre aux questions que je lui adressais, se livrer maintenant, en se sentant rouler, à une joie aussi folle que celle d'un jeune enfant lorsque sa nourrice le traîne dans une petite voiture. Il regretta beaucoup que le trajet ne fût pas plus long; et ses deux compagnons ne parurent pas moins enchantés que lui du voyage. Quand nous fûmes arrivés, ils descendirent, et Mattivi me montra dans l'enclos une hutte qu'il mettait à la disposition de mes gens. Elle était de forme ronde, grossièrement construite de branchages entrelacés, tout à fait différente des jolies habitations de la ville, et, sauf les matériaux, à peu près semblable aux huttes des Hottentots; aussi nos gens en furent enchantés, eux qui avaient si souvent couché à la belle étoile.

Les Bachapins des hautes classes ne reçoivent aucune visite, et ne traitent aucune affaire ni dans leurs maisons ni dans la clôture qui les environne; mais ils consacrent à cet usage une certaine étendue de terrain d'un diamètre de trente à quarante mètres, qu'ils entourent d'une espèce de palissade. C'est dans des enclos de ce genre qu'ils s'occupent de toutes leurs transactions, et qu'ils résident pendant le jour avec les gens de leur maison quand le temps est beau. Ce sont des lieux de rendez-vous pour les hommes, mais où ne paraissent jamais les femmes, que leurs travaux domestiques retiennent ailleurs. L'enclos où nous étions, appartenant au chef de la tribu, se trouvait donc être l'endroit de toute la ville où nous devions pouvoir le mieux étudier les mœurs des habitants. La place désignée pour notre bétail était également le parc où campaient les troupeaux de Mattivi.

Je fus fort étonné lorsque, vers le coucher du soleil, je vis un Bachapin, qui se disait son gendre, entrer dans l'enclos où nous stationnions, conduisant nos bœufs devant lui. Il les avait trouvés errants par la ville, sans que personne les accompagnât, et, les reconnaissant pour les nôtres, il s'était donné la peine de nous les ramener ; seulement il me demanda comme récompense un morceau de tabac, et, quand je le lui eus donné, il s'en alla aussi content de la négligence de notre berger que nous en étions contrariés nous-mêmes.

CHAPITRE XII

Le cadeau du roi. — Invitation à dîner. — Le conseil. — La lentille de verre. — Le roi dîne avec nous. — Présents que je lui offre. — Il m'achète un fusil. — Une chasse dans les environs de la ville. — Expédition pour une grande chasse aux éléphants. — Divers incidents de cette chasse. — Manière ordinaire des Bachapins pour chasser l'éléphant et le lion. — Retour à Littakou.

Le lendemain de notre arrivée, dès la pointe du jour, le chef nous envoya comme cadeau une vache grasse. Je l'eusse volontiers gardée vivante, afin qu'elle nous donnât du lait pendant la suite de notre voyage; mais Joseph, plus au courant que moi des usages des indigènes, me fit observer qu'elle nous était donnée dans l'attente que nous la mangerions sur-le-champ, et que nous convierions le chef et ses parents, ou, en de plus nobles termes, le roi et les princes du sang, à en prendre leur part; en conséquence la vache fut condamnée à mort.

Quand, après nous être levés, nous regardâmes hors de notre chariot, nous aperçûmes le chef avec dix ou douze de ses gens, assis dans l'enclos en face de nous, et s'occupant à enlever le poil d'une peau d'animal destinée à devenir un kobo ou manteau. L'instrument dont Mattivi se servait était une petite doloire. La peau était étendue à terre, et pour faciliter son travail il l'humectait d'eau de temps à autre. C'était d'ailleurs la seule personne qui travaillât : les autres avaient pour toute occupation de causer par intervalles une à deux minutes ensemble. Ils nous laissèrent déjeuner tranquillement; car, quoiqu'ils épiassent avec attention tous nos mouvements, aucun d'eux n'approcha de nous. J'envoyai au chef une jatte de riz au lait qu'il mangea aussitôt, et de manière à montrer qu'il le trouvait excellent. Peu après j'allai moi-même m'asseoir dans le cercle, et, l'instruisant de l'heure à laquelle nous dînions, je l'engageai à venir avec ceux des membres de sa famille qu'il jugerait convenable d'amener, ou que pourrait contenir notre chariot, partager notre repas. Il m'écouta avec la contenance la plus grave, mais ne fit aucune réponse, parce qu'il se trouvait alors en public et au milieu de son conseil; car c'était réellement une espèce de conseil que formaient les gens dont il était entouré, conseil d'État ou conseil des ministres, je ne saurais dire lequel.

Du matin au soir l'enclos fut rempli de visiteurs, qui tous semblaient appartenir à la classe des kosies ou principaux habitants. Ils ne se montrèrent pas cependant trop importuns, quoiqu'ils suivissent tous nos mouvements avec une grande curiosité. Une foule bien plus nombreuse, composée des habitants de la classe inférieure, se tenait en dehors de l'enceinte, à une distance respectueuse, formant plusieurs groupes qui cherchaient avec avidité à voir ce qui se passait au dedans. Nous continuions nos occupations, sans paraître faire attention à eux, lorsque je m'avisai d'allumer ma pipe au soleil à l'aide d'une lentille de verre. Au commencement de l'opération, en me voyant les deux mains étendues et immobiles, l'une tenant la pipe, et l'autre un verre rond, ils restèrent la bouche béante dans l'attente de ce qui allait arriver. Mais, quand ils virent le tabac fumer et prendre feu, ils furent saisis de transports d'admiration qu'ils exprimèrent par des hi! hi! hi! répétés. Je recommençai l'expérience; nouvelle surprise, nouvelles exclamations. J'offris à quelques-uns de ceux qui m'entouraient d'allumer leurs pipes de la même manière. Ils n'y consentirent d'abord qu'avec une sorte de crainte; mais bientôt ils s'enhardirent, et chacun voulait avoir sa pipe allumée *avec le feu du ciel*, selon leur expression. Cette idée me fit sourire, et me rappela la fable de Prométhée, dont je venais de jouer le rôle sans m'en douter.

A quatre heures du soir, lorsque notre dîner fut prêt, j'envoyai Muchunka informer le chef que je l'attendais. Il arriva bientôt, n'amenant avec lui que son oncle Serrakoutou, qui semblait posséder une bonne partie de l'autorité suprême. Je leur expliquai que, ne connaissant pas encore les coutumes des Bachapins, j'avais suivi celles de mon pays, et que j'espérais qu'ils nous tiendraient compte de nos efforts pour les bien recevoir. J'aurais pu assurément me dispenser de cette précaution, car mes hôtes tenaient si peu à ce qu'on appelle l'étiquette, qu'ils eussent toujours trouvé nos arrangements, quels qu'ils fussent, convenables et respectueux. Le dîner cependant était fort frugal, mais aussi somptueux que notre situation au milieu de sauvages permettait qu'il le fût. Il se composait d'un morceau bouilli de la vache qui m'avait été le matin envoyée comme présent, de riz cuit à l'eau, et de graisse de mouton fondue; le tout plus ou moins assaisonné de sel selon le goût des convives. Je leur donnai à l'un et à l'autre un couteau et une fourchette. Embarrassés d'abord de l'usage de ces instruments, ils ne s'en servirent pas trop mal après avoir observé comment nous nous y prenions; toutefois ils portèrent plus souvent les mets à leur bouche avec leurs doigts. Mattivi mangea de tout avec plaisir, excepté de la viande; et comme je l'invitais à y goûter, il me répondit que sa digestion se faisait difficilement, et que la viande lui occasionnait des douleurs d'estomac. Ce n'était peut-être qu'une excuse polie; car, de fait, la vache, récemment tuée et peut-être vieille, était excessivement dure, et j'eus moi-même quelque peine à pratiquer le conseil que je lui donnais. Mais Serrakoutou ne se montra point si difficile. Sans se plaindre de rien, il dévora de l'appétit le plus robuste. Sur la fin du repas, Mollemmi, Molaali et Mahura, les frères du roi, vinrent manger une tranche de notre *bœuf*. Le riz obtint l'approbation de tous nos hôtes, qui ne cessèrent de le vanter que quand l'écuelle fut vide. Quant à la boisson, je ne leur servis ni vin ni eau-de-vie, dans la crainte qu'ils ne s'enivrassent, mais du thé qu'ils ne trouvèrent pas moins délicieux que le riz. Du reste, l'eau pure est la boisson habituelle des Bachapins et de tous les Cafres en général, qui montrent beaucoup moins de goût que les Hottentots pour les liqueurs fermentées ou alcooliques.

Après dîner, Mattivi resta seul avec moi dans le chariot, tandis que Joseph et les autres étaient allés faire un tour de promenade. Je crus que c'était l'occasion de lui présenter les cadeaux que je lui destinais. Je lui offris donc deux kilogrammes et demi de grains en verre et en porcelaine de couleur, que j'espérais devoir lui plaire davantage, blanche, noire et bleue claire; un kilogramme et demi de tabac à fumer; un briquet de poche, dont l'usage particulier était de servir à allumer une pipe; quelques paquets d'allumettes chimiques, en lui indiquant les précautions à prendre pour les conserver et pour prévenir les accidents; une gaîne de couteau, plusieurs mouchoirs de coton et une grande chaîne dorée. J'y ajoutai la lentille de verre, qui avait si fort émerveillé ses sujets dans la matinée, en lui expliquant les divers usages auxquels ce verre grossissant pouvait être appliqué. Le cadeau, sous le double rapport de la quantité et du choix, plut extrêmement au chef, parce que j'avais eu soin de ne choisir que des objets dont il pouvait comprendre l'emploi et la valeur : c'est, en effet, une considération qui doit toujours guider ceux qui désirent que leurs présents soient agréables. Il est certain que Mattivi eût préféré un briquet à une montre, et la gaîne de couteau à un étui de mathématiques. Pour m'exprimer son contentement et sa gratitude, il m'assura que toutes les dents d'éléphants qu'il parviendrait à se procurer pendant mon séjour à Littakou, il se ferait un plaisir de me les donner à mon départ. Il me demanda ensuite si je voudrais lui vendre un de mes fusils, parce que, disait-il, personne dans toute sa tribu ne possédait d'armes à feu, tandis que ceux d'une tribu voisine s'en étaient procuré, ce qu'il regardait comme dangereux pour sa propre sûreté, et le forçait à acquérir des armes semblables; il ajouta qu'il était fort mécontent des Hottentots de Klaarwater, qui jusqu'alors avaient refusé de lui vendre aucun de leurs mousquets; mais qu'il espérait, maintenant que j'étais venu parmi les Bachapins, que je serais l'ami de leur chef, et que je lui céderais un de mes fusils, moi qui en avais beaucoup comme il le voyait, et qui sans doute me souciais peu d'en avoir un de plus ou de moins. Cette requête m'embarrassa et me causa un véritable déplaisir; je répliquai que je possédais seulement le nombre d'armes à feu nécessaire aux hommes de notre escorte, et que si j'en cédais quelques-unes, plusieurs de mes gens se trouveraient désarmés, ce à quoi il ne fallait pas s'exposer pour voyager à travers une contrée qu'habitaient les Boschesmans. Mais ce fut en vain que je réitérai cette objection; il revint sans cesse à la charge, m'offrant d'abord une, puis deux, puis trois paires de bœufs. Pour m'en défaire, je lui dis que j'avais besoin de consulter mon compagnon de voyage, et je le remis au lendemain pour lui donner une réponse définitive. J'en parlai effectivement à Joseph, qui me conseilla de céder au désir du chef.

Le jour suivant, dans la matinée, je vis arriver le chef au milieu d'un groupe de ses frères et de ses amis pour connaître ma réponse.

Dès que j'eus déclaré que je consentais à sa demande, il fit un signe, et au même instant deux Bachapins entrèrent dans l'enclos, chassant devant eux six bœufs magnifiques, et suivis de quatre hommes qui portaient deux énormes dents d'ivoire du poids d'environ cinquante kilogrammes chacune.

« Pourquoi, demandai-je à Mattivi, ajoutez-vous ces dents d'éléphants au prix que vous aviez d'abord fixé?

— C'est, me répondit-il, pour les munitions dont nous n'avions pas parlé. »

Je me déclarai satisfait, et lui dis de choisir parmi mes fusils à pierre celui qui lui conviendrait; il en prit un au hasard, et me pria de l'essayer. Je le tirai en l'air. Mattivi, qui au retentissement du coup avait tressailli de plaisir, examina l'arme, la déclara bonne, et me pria de la faire recharger pour que son frère Molaali la déchargeât à son tour. Après cette seconde épreuve, Mattivi, tout joyeux, emporta le fusil comme un trophée, en nous invitant, pour le surlendemain, à une grande chasse où il se proposait d'essayer lui-même son arme.

Cette grande chasse eut lieu au jour indiqué. J'y accompagnai le chef, et je permis à Speelman et à Philip d'y prendre part. Ce genre de chasse est assez curieux. Cinq cents naturels étaient partis dès la pointe du jour, et s'étaient répandus dans les plaines qui environnent la ville, et ils avaient formé d'abord une vaste enceinte, en se tenant éloignés les uns des autres; ils poussent ensuite des cris, qui retentissent au loin et qui forcent le gibier effrayé à se réunir au centre; alors ils se rapprochent lentement, serrant leurs rangs de plus en plus, jusqu'à ce que le gibier soit complétement cerné; à ce moment, ils l'assaillent ordinairement de toutes parts, et tuent à coups de zagaies tout ce qu'ils peuvent atteindre. Cette fois Mattivi, qui voulait faire l'essai de son fusil, défendit l'usage des zagaies, et déclara que l'on ne se servirait que d'armes à feu. Il manqua plusieurs pièces, et finit cependant par tuer un quagga déjà blessé, il est vrai, par Speelman; Philip tua un buffle et deux antilopes-gazelles; Speelman, outre le quagga qu'il avait blessé, abattit un buffle et un zèbre; pour ma part, je n'eus à me reprocher que la mort d'une pauvre petite gazelle. Somme toute, il n'y eut que huit à dix pièces, tant gazelles que zèbres et buffles, qui succombèrent sous les coups des chasseurs. Un grand nombre d'animaux parvinrent à s'échapper, à cause de la défense de se servir des zagaies; aussi les Bachapins trouvaient-ils que la chasse avait été manquée, et qu'elle eût été bien plus productive si elle se fût exécutée d'après leur ancienne méthode. Seul Mattivi se déclara satisfait, et il fallut bien que tout le monde parût content.

Les Bachapins, comme tous les Cafres, aiment passionnément la chasse, et y vont par troupes nombreuses, sous la conduite de leurs chefs; ils se rendent quelquefois à de grandes distances, dans les endroits qui leur promettent une chasse abondante, et ces expéditions durent souvent un, deux et même trois mois. Ils emmènent alors avec eux un nombre suffisant de vaches à lait; quelques femmes même font partie de ces caravanes; mais la plupart restent dans les hameaux avec les enfants, les vieillards et le reste du bétail.

Mattivi me proposa de l'accompagner à une de ces expéditions. Maintenant qu'il avait un fusil, il se croyait en état de détruire tout le gibier de la contrée. Il s'agissait, non plus de tuer quelques timides gazelles ou quelques quaggas, mais bien de s'attaquer à un plus redoutable ennemi; en un mot, il voulait chasser le lion et l'éléphant. J'acceptai son offre, et aussitôt il fit annoncer à ses guerriers de se préparer à une grande chasse pour la prochaine lune. De mon côté, je fis mes préparatifs, et au jour fixé je me trouvai prêt avec ceux de mes gens que j'emmenais avec moi. Joseph Duplessis m'avait témoigné le désir de rester à Littakou, et ses motifs me parurent assez sérieux pour ne pas le presser de m'accompagner. D'abord il était prudent de ne pas abandonner si longtemps notre chariot, nos effets et nos troupeaux, à la merci des habitants de Littakou, pendant l'absence des principaux chefs. Nous n'avions pas, il est vrai, remarqué en eux de dispositions au vol, mais il ne fallait pas les exposer à la tentation. Une autre raison plus grave, et à laquelle je ne pus qu'applaudir, était entrée dans sa détermination.

« Vous savez, me dit-il, qu'un des motifs qui m'ont fait entreprendre ce voyage, a été d'étudier la langue des Cafres, pour pouvoir un jour leur annoncer la parole de Dieu dans leur propre idiome; eh bien, pendant votre absence et celle de l'interprète que vous emmenez avec vous, je serai obligé de m'appliquer d'une manière toute spéciale à l'étude de cette langue, puisque je n'aurai que ce moyen pour me faire comprendre des personnes qui m'environneront; c'est donc pour moi une occasion, pour ainsi dire, forcée d'étudier ce langage, et de plus j'aurai pour m'aider le frère du chef, Mollemmi, qui reste ici chargé de représenter son frère, et qui me témoigne beaucoup d'amitié. »

Effectivement, je m'étais aperçu que Mollemmi aimait beaucoup à se trouver avec Joseph et à converser avec lui; ce qui m'avait surtout étonné, c'est que leur conversation roulait presque toujours sur la religion, et que Mollemmi paraissait écouter avec beaucoup d'attention les explications que lui donnait mon jeune compagnon. Je n'eus donc garde de détourner mon cher Joseph de son premier apprentissage de l'état de missionnaire, et je le laissai à Littakou avec trois de ses Hottentots.

Speelman montait le cheval de Joseph; Philip, l'un de nos chevaux de laisse; l'autre portait nos provisions et une espèce de tente-abri pour moi; Muchunka, et les autres serviteurs hottentots, étaient montés sur des bœufs du pays. Chacun d'eux était porteur d'un fusil; Speelman et Philip avaient en outre des pistolets dans les fontes de leur selle. Pour moi, j'étais armé de ma carabine Devisme, d'un revolver et d'un couteau de chasse. Ainsi équipés, nous rejoignîmes Mattivi, qui s'avançait en tête de la caravane, entouré de ses parents et de ses officiers, comme d'un état-major. Presque tous avaient des chevaux. Les Cafres montent à cheval sans selles ni étriers, et paraissent n'en pas sentir le besoin, car ils se tiennent fermes. Un faisceau de zagaies dans une main, leur bride dans l'autre, leur kross jeté tantôt sur leurs épaules, tantôt retombant sur les flancs du cheval, ces hommes galopent hardiment sur le sol rocailleux.

Nous nous dirigeâmes au nord-est. Après cinq jours de marche, pendant lesquels nous avions tué quelques antilopes et deux zèbres, nous arrivâmes dans une contrée sauvage, bornée par des montagnes assez élevées. Le gros de notre caravane resta campé sur les bords d'un ruisseau à quelque distance, et Mattivi avec ses principaux officiers et moi avec mes gens, formant une espèce d'avant-garde, nous poussâmes une reconnaissance du côté de la montagne. La route que nous suivîmes avait été frayée par les éléphants, et l'on eût dit que jamais homme n'avait pénétré dans ces contrées. Tout était silencieux autour de nous; seulement arrivait de temps en temps à notre oreille le chant de l'oiseau-cloche, le *campanero* des Espagnols, le *bell-bird* des Anglais, doux et paisible habitant de cette contrée; puis tout rentrait dans le silence. En vain cherchions-nous à l'approcher, toujours il fuyait devant nous en nous jetant ses notes mélancoliques et douces (1).

Bientôt la route devint impraticable pour les chevaux. Il fallut mettre pied à terre et laisser nos montures à la garde de deux de mes Hottentots et de quelques Bachapins, serviteurs du chef.

---

(1) Cet oiseau a une voix aussi forte et aussi claire que le son d'une cloche, ce qui lui a valu son nom; on peut l'entendre à la distance de quatre kilomètres. Lorsque le soleil de midi a imposé silence à la nature, le campanero lance une note, puis une deuxième, puis une troisième, suivie d'un silence de huit à dix minutes. Cet oiseau se rencontre dans l'Afrique australe, mais surtout à la Guiane, d'où on le croit originaire.

Nous suivîmes à pied le sentier tracé par les éléphants à travers les montagnes et les ravins. Nous trouvions fréquemment l'empreinte des pas de ces animaux, et nos Bachapins, les reconnaissant, m'en disaient la date: « Celle-ci est de trois jours, celle-là de la nuit dernière. » Celle de l'éléphant et du rhinocéros ressemble à celle de trois chevaux.

Le soleil d'Afrique dardait tous ses feux; il était midi; à peine pouvais-je porter ma carabine, et les yeux perçants de nos chasseurs, se promenant à la ronde, ne découvraient rien. Les seuls animaux que nous eussions aperçus étaient trois buffles paissant sur le flanc de la montagne devant nous. Nous avions trouvé des corps d'éléphants morts, et leurs os blanchis par le soleil et par la pluie perçaient à travers leur peau ridée et calcinée; à côté, était le squelette d'un rhinocéros, leur mortel ennemi.

Nos recherches avaient été vaines, lorsque Molaali, qui marchait en éclaireur, nous désigna une montagne éloignée, où il apercevait des éléphants. Je regardai et ne vis rien. Cependant, redoublant de courage, nous nous y rendîmes, et là nous nous arrêtâmes. Quelques mots furent échangés entre Molaali et les Bachapins. Alors nous descendîmes dans un ravin. Mes compagnons recommencèrent à parler, mais à voix basse, et examinèrent de quel côté venait la brise; puis nous gravîmes la montagne contre le vent, car nous étions si près d'eux que notre odeur eût pu nous trahir. Molaali s'arrêta, tandis que nous suivions à la file le sentier étroit qui bordait le ravin; ces animaux paissaient sur le côté opposé. Molaali s'arrêta; on distribua à chacun des espèces de bâtons ou de torches allumées, avec recommandation de mettre le feu au taillis et aux herbes, puis de nous retirer dans le cas où les éléphants viendraient sur nous. Ce fut pour moi une étrange pensée que celle de me trouver à vingt pas de ces animaux, dont le moindre mouvement eût été ma mort. Mais ils paissaient tranquillement dans le bois, ouvrant leurs larges oreilles, marques de sécurité. Nous allions nous arrêter, lorsque nous entendîmes un coup de fusil qui fut suivi d'un autre, et sur huit éléphants sept prirent la fuite. Nous avançâmes pour voir les effets du coup; c'était Speelman qui avait tiré; il avait visé juste, l'éléphant était tombé; mais il se releva. Je n'ai jamais entendu un cri pareil à celui qu'il jeta;

il retomba, et nous allâmes sur lui ; la balle était entrée derrière l'épaule et avait frappé au cœur.

En considérant ce monstre, je ne pus m'empêcher de m'écrier :

« Pauvre bête ! si ce n'était tes dents d'ivoire, tu serais encore en vie, mais elles t'ont été données pour ta destruction.

— Et pour sa défense, ajouta Muchunka.

— Non, dit Speelman, car l'éléphant le plus dangereux est une espèce que les Hollandais nomment *koeskops*, et il n'a pas de défenses. »

Nous coupâmes sa trompe, et nous suivîmes la troupe en descendant la montagne. Nous la vîmes traverser le ravin et détruire tous les obstacles qui s'opposaient à son passage, brisant les branches d'arbres et des euphorbes à forme de palmier, si communs dans ces contrées, comme elle aurait pu faire d'une baguette.

Dans notre course, nous passions devant des retraites de buffles et d'éléphants. J'étais resté en arrière, ne pouvant suivre mes compagnons dans leur course rapide, lorsque tout à coup je me trouvai dans l'impossibilité d'aller plus loin. Je n'étais pas accoutumé à la marche, et j'avais fait au moins trente kilomètres, dans un terrain inégal, avec ma carabine et mes munitions dont le poids m'accablait. J'étais, on peut le dire, aux abois. Philip et un de nos plus jeunes serviteurs hottentots se trouvaient seuls auprès de moi. Je m'assis sur une grosse pierre, en disant à Philip de continuer sa route, et qu'arrivé au bivouac il m'enverrait mon cheval par un de nos Hottentots.

« Impossible, me dit-il, il va faire nuit, et même dans le jour personne ne vous retrouverait ici. »

Cette menace n'ébranlant pas ma résolution, il fut décidé que le garçon resterait auprès de moi, et que, lorsque nous serions reposés, nous remonterions en allumant des feux sur notre route. Philip alla rejoindre les autres chasseurs.

Une demi-heure après, sentant mes forces revenues, je pris ma carabine, et nous commençâmes à gravir la montagne. A notre droite elle était si boisée, que l'œil même ne pouvait y pénétrer. Nous marchions paisiblement, lorsque nous entendîmes le pesant galop d'un animal qui s'approchait. Mon jeune compagnon était à quelque distance, soufflant sur un morceau de bois allumé. « Écoutez, » lui dis-je; les yeux du jeune homme brillèrent de frayeur, et il se mit à courir. Nul doute que ce ne fût un rhinocéros; le bruit approchait : j'aperçus un gros animal noir sortir du bois non loin de là, et suivre le sentier où je courais; je ne pouvais m'arrêter; mon jeune compagnon mit le feu au bois, dont j'entendis les pétillements, et en quelques secondes il me rejoignit.

« Il n'y a plus moyen d'échapper, me dit-il.

— Qu'est-ce que c'est ?

— Le rhinocéros ! Ne le sentez-vous pas près de nous? il sort du bois. »

Il y avait certainement du danger, et le plus hardi chasseur évite avec soin ces animaux : on sait qu'une troupe de lions prend la fuite devant eux. Et moi, qui ne me vante pas d'avoir le courage d'un lion, je me confiai à la vitesse de mes jambes plus qu'à ma carabine, et à me voir courir personne ne se serait douté qu'une demi-heure auparavant je n'avais pas la force de mettre un pied devant l'autre. Nous gagnâmes heureusement le haut de la montagne : là nous vîmes les éléphants marcher un à un, leur large croupe dépassant le taillis. Nous entendîmes alors les coups de fusil de nos compagnons, et nous vîmes ces animaux s'enfuir, et un d'eux venir vers nous. Nous mîmes le feu aux herbes et au taillis, et nous fûmes bientôt enveloppés d'un cercle de flammes. Nous prêtâmes l'oreille et n'entendîmes aucun bruit. Nous avançâmes, et nous aperçûmes une grosse femelle d'éléphant percée d'un grand nombre de balles; elle était à terre, et son nourrisson auprès d'elle, couvert de sang.

Continuant notre chemin, nous rencontrâmes une mare pleine d'eau. Jamais découverte ne vint plus à propos, car nous mourions de soif. L'eau en avait été troublée par les éléphants, il nous fallut la boire en serrant les dents. Le jour ne tarda pas à disparaître totalement; nous nous trouvâmes dans une complète obscurité, que dissipait seule la ligne de feu que nous laissions sur nos traces, et qui, nous l'espérions, servirait à nos compagnons de guide pour nous retrouver. Mais nous n'apercevions ni n'entendions rien. Nos feux brillaient seuls sur l'horizon, et c'était un beau spectacle que de voir ces flammes s'élever et éclairer d'une lueur fantastique ces arbres qu'elles dévoraient, tandis que des colonnes de fumée s'élevaient et prenaient les riches couleurs du feu. La nuit devenait de plus en plus sombre; le courage du jeune homme, qui s'était soutenu pendant le jour, commença à faiblir, et il manifesta la crainte d'être mis en pièces par les éléphants. J'essayai de rire de ses frayeurs; nous fîmes provision de bois, et nous convînmes de veiller et de dormir alternativement jusqu'au jour. Je l'engageai à se reposer le premier, et j'eus la satisfaction de voir qu'il n'eut aucune peine à m'obéir.

L'étoile du matin vint enfin nous annoncer le jour, et nous nous hâtâmes de rejoindre nos amis. En chemin nous vîmes que les éléphants avaient dû s'approcher de nous, mais que notre feu nous avait servi de sauvegarde. Bientôt nous rencontrâmes Molaali, Philip, Speelman, Muchunka, et quelques chasseurs qui étaient à notre recherche. Une autre troupe avait été envoyée dans une autre direction. Nous nous hâtâmes de rejoindre Mattivi, qui nous attendait avec une grande impatience, et qui me témoigna toute l'inquiétude qu'il avait éprouvée. Il me demanda comment nous avions passé la nuit. Je racontai nos aventures et surtout celle du rhinocéros. Molaali me demanda si

JOSEPH DUPLESSIS. P. 283.

Tout à coup un rhinocéros se montre à lui, de si près qu'il n'eut
que le temps de sauter sur son dos.

en me poursuivant il avait arraché le gazon avec sa corne. Je répondis que je ne le croyais pas, autant que j'en avais pu juger à la lueur de ma torche. Alors il me dit que probablement il ne me cherchait pas, et qu'il était sorti du bois, effrayé lui-même par les éléphants. Un vieux Bachapin, qui paraissait jouir de la confiance du chef, me raconta alors une aventure qui lui était arrivée. Ses compagnons de chasse l'avaient laissé seul; tout à coup un rhinocéros se montre à lui, mais de si près, qu'il n'eut que le temps de sauter sur son dos. L'animal effrayé s'élance dans le taillis, laboure le terrain avec sa corne, et fait tous ses efforts pour se débarrasser de son cavalier. En galopant, les branches arrachent son kross, le rhinocéros s'en saisit, et, tandis qu'il le foule aux pieds, le Bachapin se précipite à terre et gagne le bois. Je rapporte cette anecdote sans la garantir, car la véracité des chasseurs de toutes les nations est un peu suspecte, et je n'oserais me rendre caution de celle d'un Bachapin. Quand le rhinocéros est blessé, il devient furieux, et les flammes même qui effraient les autres animaux ne produisent aucun effet sur lui. Le buffle est à peu près de même; cependant il est moins difficile de lui échapper. On l'attaque avec des chiens, et, lorsqu'il est aux prises avec eux, on fait feu sur lui.

Nous nous reposâmes pendant cette journée. Le lendemain de bonne heure on se remit en chasse : je parlai de ne pas me confier cette fois à mes jambes, mais bien à celles de mon cheval.

« Elles vous rendront encore moins de services, me dit Molaali; la peur les prive de marcher, et j'en ai vu se coucher à la manière des chiens, dès qu'ils aperçoivent les éléphants. »

Cependant je ne suivis qu'une partie du conseil; je montai à cheval, sauf à mettre pied à terre quand nous serions arrivés dans le voisinage de ces animaux. La plupart de ceux qui avaient des chevaux, et Molaali lui-même, suivirent mon exemple, et nous nous mîmes en route. Nous côtoyâmes la rivière à travers un pays ressemblant à ceux que nous avions parcourus; nous entendîmes l'oiseau chercheur de miel; un de mes Hottentots lui répondit par un coup de sifflet. L'oiseau répétant son cri, nous suivîmes, et il nous amena devant un nid où mes Hottentots trouvèrent une assez bonne provision de miel.

Après avoir passé en recherches une partie de la journée, nous aperçûmes enfin les éléphants. Alors ceux qui étaient à cheval descendirent, attachèrent leurs bêtes à des arbres, la tête tournée du côté opposé au danger, et nos Bachapins répandirent autour d'eux de la fiente desséchée d'éléphants, me disant que c'était un moyen de les sauver au cas où ces animaux auraient l'intention de se jeter sur eux. Nous en comptâmes jusqu'à dix. Nous marchâmes silencieusement jusqu'à eux. Nous prîmes nos postes à distance, en nous cachant derrière des arbres ou profitant des accidents du terrain : nous les entendions cheminer, et broyer les bourgeons de l'arbre appelé *speckboom*, leur nourriture favorite. Après une minute d'attente, afin que quelques-uns de ces animaux se trouvassent à bonne portée, j'en ajustais un avec ma carabine, quand un coup de fusil partit à quelques pas de moi; je fis feu au même instant, et l'animal que je visais fit un mouvement rapide, éleva sa trompe en l'air, poussa un cri affreux et tomba. Tous les autres éléphants prirent aussitôt la fuite, et passèrent à quelques pas de nous, essuyant le feu de nos autres chasseurs. Le résultat de ces coups fut la mort de trois éléphants. Ils étaient petits, le plus haut n'avait que trois mètres. Nos Bachapins ouvrirent un de ces animaux et enlevèrent une portion du cœur, qui est énorme; ils l'enveloppèrent avec une de ses jambes dans une oreille; ils prirent aussi les défenses, et abandonnèrent le reste aux loups et aux vautours. Nous dînâmes avec ces provisions : le cœur et la trompe furent trouvés excellents, mais le pied enleva tous les suffrages; cuit dans la cendre, c'est le meilleur morceau. Je ne puis lui comparer que le goût exquis de chair de porc.

Le jour suivant, nous résolûmes de faire une chasse au buffle; dans cette intention nous partîmes avec des chiens, ce qu'on ne fait pas lorsqu'on va contre des éléphants. Mais nous n'en trouvâmes point; nous en fûmes quittes pour tuer encore trois éléphants. Mattivi était enchanté des résultats de notre chasse dès son début; et cette fois tous les Bachapins étaient de son avis. En effet, la chasse aux éléphants est la plus pénible pour les tribus cafres qui ne connaissent pas l'usage des armes à feu. Il arrive rarement qu'ils viennent à bout de terrasser un de ces animaux avec leurs zagaies; surtout quand ils vont en troupe, il est très-dangereux de s'en approcher; mais avec des fusils on peut les atteindre facilement, et même, quand on n'en blesse pas, le bruit de l'explosion les effraie et les met en fuite. Ce n'est donc que quand l'un d'eux s'écarte de la troupe et que les Cafres le rencontrent dans un lieu favorable à leur manière de chasser, qu'ils peuvent réussir à le tuer. Voici la manière dont ils s'y prennent. Sachant par expérience que l'éléphant, quand il se voit entouré de flammes, ne bouge pas, au moins pendant le jour, ils mettent le feu tout autour à l'herbe sèche et aux buissons; ils s'approchent ensuite de l'animal ainsi cerné, et lui décochent une multitude de traits; mais il est difficile, à cause de l'épaisseur de sa peau, de le percer assez profondément, même aux endroits du corps où la blessure pourrait être mortelle; de sorte que l'éléphant s'échappe pendant la nuit, et les chasseurs sont obligés de le poursuivre souvent pendant plusieurs jours. Puisque je viens de parler de la méthode des Cafres pour attaquer l'éléphant, il ne sera pas hors de propos de dire ici un mot de leur manière de chasser le lion.

Pour forcer un lion, les Cafres commencent à

former un cercle autour de lui, comme nous avons vu qu'ils le font pour la chasse aux antilopes et aux quaggas; ils resserrent ensuite peu à peu ce cercle et se rapprochent du centre, jusqu'à ce qu'ils soient à portée d'atteindre l'animal; alors ils lui lancent leurs zagaies. Le lion, blessé, ne manque pas de se précipiter sur un des chasseurs, qui l'évite en se jetant subitement à terre et en se couvrant de son bouclier; aussitôt les autres s'approchent, et percent l'animal de leurs zagaies. Quelquefois il se retourne contre ces nouveaux agresseurs, et en terrasse un second qui tâche de se garantir comme le premier; mais en même temps la bête est criblée de coups de zagaie, et elle finit par succomber.

Cette chasse est très-dangereuse : il arrive souvent qu'un des chasseurs y est blessé ou tué; mais elle est glorieuse, surtout pour celui qui a tué un lion, ou qui lui a porté le premier coup. Au retour de la chasse, toute la tribu se rend à l'entrée du kraal pour attendre le vainqueur; on forme un cercle autour de lui, et, tandis que ses compagnons de chasse lui tiennent leurs boucliers devant les yeux, un d'eux s'avance au milieu de l'assemblée, et fait à haute voix l'éloge du héros, accompagnant son discours de gestes et de sauts; il reprend ensuite sa place, et un second orateur vient faire la même cérémonie, tandis que les assistants applaudissent par des cris répétés de hi! hi! hi! en frappant leurs boucliers de leurs massues. Ce charivari dure jusqu'à ce que la troupe ait ramené le chasseur triomphant au village.

Mattivi et tous ses gens, encouragés par nos premiers succès, voulurent poursuivre une expédition qui avait si bien débuté. Nous nous avançâmes beaucoup plus loin dans le pays, et nous arrivâmes bientôt dans une contrée où les éléphants abondaient, et où il n'était pas rare d'en rencontrer des troupes de plusieurs centaines. Je ferai grâce au lecteur des incidents de cette chasse, qui se prolongea pendant près d'un mois. A la fin, je déclarai à Mattivi que je désirais retourner à Littakou, et rejoindre mon compagnon de voyage, que ma longue absence devait inquiéter. Il y consentit avec peine, et nous reprîmes enfin la route de la capitale des Bachapins. La chasse avait été des plus fructueuses; quatre-vingt-quinze éléphants avaient été abattus, et nous revenions avec cinq chariots chargés d'ivoire. Je ne parlerai pas des nombreuses pièces de menu gibier qui avaient été tuées et avaient servi à la nourriture de la caravane, non plus que des peaux de divers animaux que l'on rapportait comme des dépouilles opimes, et qui devaient servir à faire des vêtements pour les chefs.

Comme notre retour était annoncé, Joseph, accompagné de Mollemmi, vint à notre rencontre jusqu'à plus de quatre kilomètres de la ville. J'embrassai le jeune Duplessis comme s'il eût été mon frère ou plutôt mon fils; puis nous nous mîmes à cheminer ensemble, moi lui racontant les incidents de notre longue chasse, lui ce qu'il avait fait pendant mon absence. Son existence avait été on ne peut plus monotone; mais il avait mis le temps à profit pour se perfectionner d'une manière étonnante dans la langue du pays. Ses progrès avaient été si rapides, qu'il pouvait maintenant parfaitement se faire comprendre, et même soutenir une conversation dans cette langue. Mollemmi, de son côté, avait fait des progrès d'un autre genre. Il s'était pénétré peu à peu des vérités religieuses que lui avait révélées mon jeune ami; il avait écouté avec une attention profonde les explications que Joseph lui avait données sur Dieu, sur l'immortalité de l'âme, sur la vie future, sur les peines et les récompenses qui attendaient l'homme dans cette autre vie, selon qu'il aurait dans celle-ci mérité les unes ou les autres. Mollemmi s'était dès lors uniquement préoccupé de ces choses tout à fait neuves pour lui. Je trouvai un changement complet dans ses manières; il était devenu grave, sérieux, réfléchi, et, quand il m'aborda, il me salua avec un air d'intelligence comme s'il eût voulu me dire : « Maintenant je suis des vôtres. » Nous verrons plus tard les résultats de ce changement.

Nous restâmes encore un mois à Littakou. Pendant ce temps-là, je continuai mes observations sur cette ville et sur les Bachapins. Je vais consigner une partie de ces observations dans le chapitre suivant, en y ajoutant celles que j'ai faites sur les Cafres en général, et qui s'appliquent également aux Bachapins.

CHAPITRE XIII

Description de la ville de Littakou. — Constitution physique, mœurs, usages, qualités physiques et morales, nourriture, etc. etc., des Cafres en général et des Bachapins en particulier. — Industrie bornée des Bachapins. — Le forgeron de Littakou.

La ville de Littakou (1), capitale de la tribu des Bachapins, est située à vingt-sept degrés six minutes de latitude australe; elle est éloignée du Cap d'environ treize cents kilomètres dans la direction du nord-est. C'est la ville la plus considérable de l'intérieur de l'Afrique australe. On

(1) On trouve ce nom écrit de différentes manières dans les auteurs et dans les cartes de géographie, *Litakoun*, *Takoun*, *Lattakou*.

distingue l'ancien et le nouveau Littakou. L'ancien chef-lieu était sur le Kourouman, à quarante à cinquante kilomètres au sud du chef-lieu actuel, appelé Nouveau-Littakou. Cette dernière ville est située dans une plaine qui était autrefois couverte d'acacias. Chaque kosi ou homme puissant a bâti sa maison à l'endroit qui lui a convenu, et ses parents, amis et serviteurs, ont groupé leur demeure autour de la sienne. A l'époque où je l'ai visité, Littakou se composait d'une cinquantaine de groupes de maisons contenant de sept à huit mille habitants. Chaque demeure occupe une aire circulaire de quinze à vingt mètres de diamètre, entourée d'une haie épaisse, impénétrable à une zagaie et aux bêtes féroces; elle fournit un bon abri contre les vents violents. Une entrée étroite qu'on ferme le soir par une porte treillée conduit dans l'enclos, dont la maison occupe le centre. La maison, qui est de forme circulaire, a pour porte un trou ovale, assez grand pour qu'un homme puisse y passer. Quelques maisons ont des cloisons qui forment deux ou trois petites chambres, pour séparer les parents et les enfants; la chambre centrale a souvent la forme d'un cône ou d'une demi-ellipse. Les cloisons et l'aire de ces chambres sont en argile et très-lisses. Le toit est en chaume, ou plutôt en gazon très-long, que fournit la plaine d'alentour. Les habitants conservent leurs grains dans des espèces de jarres ovales, faites en branches d'arbres recouvertes d'argile. Chez les riches, toute la partie postérieure de l'habitation est remplie de ces jarres plus ou moins grandes. Bien différentes des habitations des Hottentots, qui sont remarquables par leur saleté dégoûtante, les maisons des Bachapins se distinguent par l'ordre et la propreté qui y règnent : on n'y voit point de poussière ni d'ordure; le sol est toujours soigneusement nettoyé.

Les Bachapins ou Matchapis (comme les appellent quelques auteurs) sont, comme je l'ai dit, une tribu de la nombreuse nation des Betjouanas, et appartiennent, par conséquent, ainsi que cette nation, à la race cafre. Le nom de Cafres, du mot *kafirs* qui signifie mécréants, fut donné par les Arabes mahométans à tous les peuples qui habitaient la côte orientale de l'Afrique australe; et ce nom fut plus tard adopté par les Portugais et les autres Européens qui visitèrent ces contrées ou y formèrent des établissements. La grande extension de cette famille particulière du genre humain est aujourd'hui un fait acquis à l'ethnographie. D'après divers témoignages concordants, on peut admettre comme suffisamment prouvé que les Kousas (nom générique que se donnent les Cafres), les Tamboukkis, les Amapondas, les Amazizis, les indigènes de Natal et de la baie de Lagoa, les Damaras, sur la côte occidentale, les nombreuses tribus de Betjouanas qui habitent l'intérieur du continent, les habitants de Sofala, de Mozambique, etc., sont sortis d'une souche commune, et qu'ils se ressemblent tellement par la langue, les mœurs et les usages, qu'il est facile de les reconnaître comme des subdivisions d'une même race. C'est surtout par leur langue qu'on découvre leur parenté.

Les Cafres, en général, offrent un contraste frappant avec leurs voisins les Hottentots. Ceux-ci leur sont inférieurs en vigueur corporelle et en beauté, n'ont qu'une langue pauvre, une intelligence bornée, point d'organisation civile, etc. Relégué à l'extrémité de l'Afrique, le peuple cafre présente plus de ressemblance avec la race caucasique ou de Sem qu'avec la race de Cham, c'est-à-dire la race nègre qui l'environne. Pour expliquer ce contraste frappant, les auteurs ont fait des suppositions et présenté des systèmes plus ou moins vraisemblables, dans l'examen desquels je me garderai bien d'entrer.

Les Cafres ont la peau d'un gris noirâtre, qu'on pourrait comparer à la couleur du fer quand il vient d'être forgé. Ils n'ont de commun avec les nègres que l'épaisseur des lèvres; encore cette particularité n'est-elle pas générale. Leurs cheveux sont noirs, courts, laineux, rudes au toucher, et réunis en petits flocons épars. Il est rare de voir un Cafre avec une barbe bien garnie; ordinairement le menton seul est recouvert de légers flocons. On distingue les hommes à la noblesse de leur taille : elle est généralement d'un mètre soixante-quinze centimètres à un mètre quatre-vingt-cinq centimètres. Le Cafre a la tête bien conformée; elle n'est point allongée, comme chez les Hottentots et les nègres. Le front est haut et l'os du nez relevé comme chez les Européens; les bras et les cuisses annoncent la santé et la force; tous les membres sont parfaitement développés et dans la plus belle proportion; il porte le corps d'aplomb; son attitude indique la vigueur; sa démarche est ferme et assurée, et tout en lui annonce le courage et l'intrépidité.

Les femmes diffèrent beaucoup des hommes pour la hauteur de la taille; en général, elles atteignent rarement celle d'une Européenne bien faite; au reste, elles sont aussi bien conformées que les hommes. Les deux sexes ont la peau unie et parfaitement saine. On ne voit pas de Cafres nés contrefaits; la manière simple et naturelle dont ils élèvent leurs enfants les garantit de toute difformité.

La bonne santé dont jouissent les Cafres est due sans contredit, en grande partie du moins, à la simplicité de leurs aliments. De nombreux troupeaux de vaches leur fournissent en abondance du laitage, qui fait leur principale nourriture; leurs autres aliments sont la viande ordinairement rôtie, le millet, le maïs, et les melons d'eau, qu'ils apprêtent de plusieurs manières. L'eau est leur unique boisson. Outre ces aliments, le pays abonde en miel d'abeilles sauvages. On en rencontre des ruches dans les fentes des montagnes, dans les creux des arbres, dans les fourmilières et les ravins. Un petit oiseau, connu sous le nom d'oiseau de miel, sert de guide pour découvrir ces ruches sauvages. La voix de cet oiseau est une espèce de cri aigu, par lequel il attire l'attention du voyageur. Dès qu'on s'approche de lui, il s'éloigne, va se percher à quelque distance, et recommence à crier jusqu'à ce qu'on l'ait rejoint. Il continue de la sorte jusqu'à ce qu'il se trouve dans le voisinage des abeilles, qu'il indique en criant plus fort qu'auparavant. Il laisse ensuite au voyageur le soin de découvrir lui-même la ruche; ce qui n'est pas difficile, puisque les abeilles en allant et venant sans cesse se trahissent elles-mêmes. Quelquefois, avant d'arriver à la ruche, on est obligé de suivre ce guide pendant une heure et davantage.

L'extérieur des Cafres ne permet pas de douter qu'ils ne soient doués de beaucoup de force; mais leur genre de vie et le peu de besoins qu'ils éprouvent les mettent rarement dans le cas de l'exercer. L'usage de la zagaie et de la massue développe chez le Cafre les muscles du bras droit; des courses fréquentes l'habituent à marcher longtemps et à courir vite; mais veut-on l'employer à charger un pesant fardeau sur une charrette, à relever une voiture versée, à écarter une grosse pierre, etc., il semble alors manquer de vigueur; et un Hottentot, petit et décharné, mais accoutumé à de rudes travaux chez le maître qui le nourrit, le surpasse et lui fait honte.

Les organes de l'ouïe et de la vue sont très-exercés chez les Cafres, et portés à un degré de perfection étonnant; ils doivent apparemment l'exercice de ces organes à la chasse, à la guerre et aux alarmes continuelles que donne le voisinage des bêtes féroces. Dans un endroit où la vue ne peut s'étendre au loin, un Cafre, au moindre bruit, indiquera avec la plus grande exactitude s'il est causé par un homme qui passe, par un chien ou par quelque autre animal. De même, par un temps couvert, et dans un éloignement où l'œil d'un Européen ne pourrait rien apercevoir, les Cafres sont en état de découvrir les objets avec la plus grande précision; c'est en quoi ils excellent particulièrement.

Une qualité de l'esprit non moins remarquable que cette perfection dans les organes, c'est l'attention prompte et soutenue dont les Cafres sont doués en général; et comme cette qualité se trouve étroitement liée à la mémoire, ils ont celle-ci extraordinairement fidèle et conservatrice. Le Cafre se rappelle jusqu'aux moindres circonstances d'un événement peu intéressant par lui-même qui a eu lieu plusieurs années auparavant; il reconnaît sur-le-champ une pièce de bétail, un chien, etc., qu'il a rencontré il y a longtemps; j'en ai vu des exemples sans nombre, et qu'il serait trop long de citer.

Les Cafres observent l'ordre et la régularité dans leur ménage. Dans chaque maison les travaux sont exactement partagés entre les membres de la famille, et surveillés par le père qui en est le chef. Les Cafres subsistent principalement du produit de leur bétail. Pour qu'une famille soit à son aise, il faut qu'elle possède un nombre suffisant de bestiaux. C'est au père et à ses fils qu'est exclusivement confié le soin du troupeau. Le bétail tient lieu de tout au Cafre; il est, pour ainsi dire, l'unique objet de ses pensées et de ses affections. Aussi le Cafre fait-il consister son bonheur dans la possession de son troupeau; c'est lui qui le matin le conduit au pâturage, et qui le soir le ramène auprès de sa hutte, dans un enclos formé d'épines entrelacées; il trait lui-même ses vaches, et se charge, en un mot, de tout ce qui a rapport à l'entretien de son bétail. Les cornes des bœufs qu'il chérit le plus sont diversement façonnées. A cet effet, il les chauffe avec un fer rouge jusqu'à ce que la chaleur les ait amollies assez pour se prêter à la direction qu'il veut leur donner.

Outre le bétail, l'agriculture fournit aussi aux Cafres une partie de leur subsistance; mais ils s'en occupent avec moins de soin. Ce sont les femmes qui sont chargées de ce qui concerne la culture des terres : les hommes forment seulement, avec des amas d'épines, un enclos de forme irrégulière, et tel que le permettent les accidents du terrain; c'est à quoi se borne leur besogne. Les plantes cultivées particulièrement en Cafrerie sont une espèce de millet (*holcus Cafrorum*), le maïs, les melons d'eau et le tabac. L'espèce de millet que récoltent les Cafres et leurs melons d'eau (différents des autres espèces par leur goût amer) ne sont point cultivés dans la colonie; d'où l'on peut conclure que ce n'est pas des Européens qu'ils ont reçu ces productions. On ne peut douter, d'ailleurs, que les Cafres ne se soient occupés d'agriculture, ainsi que de l'élève des bestiaux, longtemps avant l'établissement des Européens au Cap de Bonne-Espérance.

L'hospitalité est aux yeux des Cafres un devoir sacré, dont ils s'acquittent avec zèle et désintéressement. Tout étranger est bien accueilli, et le voyageur, parvenu à un endroit habité par des Cafres, peut en toute sûreté compter sur un asile et des aliments. Si le voyageur est étranger à la famille chez laquelle il vient chercher un asile, on lui donne, outre du laitage, sa part du repas de ses hôtes; si c'est un parent, on tue un veau gras ou une vache pour le régaler, à moins que la famille ne soit pas assez opulente, auquel cas on lui témoigne son regret de ne pouvoir le traiter d'une manière plus convenable; y manquer quand on en a les moyens ce serait s'exposer au mépris de la horde entière.

Les armes que les Cafres portent à la guerre ou à la chasse sont offensives ou défensives: les armes offensives sont la zagaie et la massue; l'arme défensive est le bouclier. La zagaie a ordinairement deux mètres de long, y compris l'armure de fer. Le manche est d'environ deux centimètres de diamètre à l'origine du fer, et va toujours en diminuant jusqu'à l'autre bout, où il n'a plus que quatre millimètres d'épaisseur. Les fers de zagaies, à deux tranchants, et qui se terminent en pointe, varient souvent pour la forme; la plupart sont, dans toute la longueur, comme le devant d'une lame d'épée; d'autres n'ont cette forme que vers le milieu du fer, tandis que le reste est cylindrique. Quelquefois cette partie, au lieu d'être ronde, est taillée en arêtes et garnie d'aiguillons qui se croisent. On voit aussi des fers de zagaies arrondis en grande partie, et terminés par une pointe triangulaire; mais cette dernière forme est moins en usage que les autres. Pour monter une zagaie, on introduit l'extrémité inférieure du fer, terminée en pointe, dans le gros bout de la flèche, en y versant de la poix fondue, et on les entortille avec une corde. La portée ordinaire d'une zagaie, projetée en ligne courbe, est d'environ vingt-cinq mètres. J'ai fait souvent tirer au blanc des Bachapins et d'autres Cafres; je faisais tendre un mouchoir de couleur à la distance de quarante-cinq à cinquante pas, et je le proposais pour prix à celui qui l'atteindrait de sa zagaie; mais, quelque ardeur qu'ils témoignassent pour l'obtenir, ils ne l'atteignaient le plus souvent qu'au bout d'une vingtaine de coups. Cela prouve qu'une zagaie n'est pas fort à craindre, surtout parce qu'on la voit venir, et qu'on peut l'éviter ou la détourner, soit avec une massue, telle qu'en ont les Cafres, soit avec un bâton; elles sont plus à craindre lorsqu'il en tombe plusieurs à la fois dans le lieu où l'on se trouve. Cette arme n'est jamais plus dangereuse qu'entre les mains d'un homme déterminé, qui attaque son ennemi à outrance; il tient dans la main gauche un faisceau de zagaies, qu'il décoche l'une après l'autre de la droite, en courant sur son adversaire, et empoigne la dernière pour l'en percer au moment où il l'atteindra.

L'arme des Cafres à laquelle on donne le nom de massue consiste en un bâton long d'environ un mètre sur deux centimètres d'épaisseur, et terminé par un nœud de la grosseur du poing; à défaut de massues naturelles, les Cafres savent en façonner; ils se servent de cette arme, dans les combats particuliers, avec une adresse étonnante, portant d'une main des coups avec leur massue, et parant de l'autre ceux de leur adversaire avec leur bouclier. Ces boucliers sont faits de peau de bœuf. Pour préparer la peau, on commence par la tendre pour la faire sécher; on la frotte ensuite avec un caillou de forme arrondie, qu'on dirige dans tous les sens, en appuyant fortement sur le milieu de la parure, jusqu'à ce qu'elle ait pris une forme concave; on la façonne en la taillant tout autour, de manière qu'elle représente un ovale assez large pour couvrir le corps; enfin on attache avec des courroies, sur le côté concave, et dans sa longueur, un bâton de moyenne grosseur, de manière qu'il dépasse le bouclier de quelques centimètres pour s'appuyer dessus, et qu'il puisse être saisi et soutenu avec la main par le milieu. Tout homme en état de porter les armes est obligé de se faire lui-même son bouclier.

Tout ce que je viens de rapporter sur les mœurs, les usages et les armes des Cafres, s'applique également aux Betjouanas et par conséquent aux Bachapins. J'y ajouterai quelques observations plus particulières à ces derniers, mais qui, avec quelques modifications, pourraient aussi convenir aux autres tribus.

L'autorité du chef, chez les Bachapins et chez tous les Betjouanas, passe du père au fils aîné; les frères et les parents les plus proches partagent avec lui le pouvoir, mais en sous-ordre. Ce pouvoir est d'ailleurs tempéré par l'influence des principaux propriétaires ou *kosis*. Ils sont souvent convoqués par le chef pour donner leur avis; ces conseils s'appellent *pücho*. Quand il s'agit d'une expédition guerrière, ou d'une grande chasse comme celle dont il a été question dans le chapitre précédent, le chef ordonne une levée, et aussitôt tous les hommes ou ceux qui ont été désignés prennent les armes. Tous les Bachapins sont habitués depuis leur enfance à manier la zagaie, et ils ne quittent jamais leur demeure sans être munis de cette arme. Leurs guerres consistent plutôt en surprises et ruses, et en enlèvements de bestiaux, qu'en combats réglés. Le but de leurs guerres est donc plutôt le pillage que la destruction de l'ennemi; ils enlèvent des troupeaux considérables de bestiaux. Quelquefois ils font des prisonniers de guerre, qui deviennent leurs serviteurs; mais ils ne les regardent pas tout à fait comme esclaves, et ne les vendent pas à une autre tribu. Ils les rendent d'ailleurs contre une rançon.

Dans leurs alliances, les Bachapins sont un peuple inconstant et égoïste. Ils sont alternativement les amis et les ennemis des tribus voisines; ils font alliance avec les uns pour piller les autres; mais ils ne sont jamais alliés avec les Boschesmans, à l'égard desquels ils ont une antipathie profonde et une haine implacable.

Les Bachapins n'ont point de religion; du moins ni moi, ni d'autres voyageurs n'ont trouvé chez eux aucune notion d'un être suprême, ni la pratique d'aucune espèce de culte. Cependant ils redoutent un être malfaisant, auquel ils attribuent tout ce qui leur arrive de fâcheux : ils le nomment *Mouliimo* ou diable. Afin de détourner les effets de sa malignité, ils se munissent d'amulettes, tels que des morceaux de cornes d'antilopes, arrangés d'une certaine façon.

Les Bachapins ont de bonnes qualités : ils sont laborieux, vivent généralement d'accord entre eux, et se comportent en public avec beaucoup de décence. Je n'ai jamais vu parmi eux ni querelles, ni accès de colère. Malheureusement des vices notables entachent leur caractère; ils sont menteurs et rusés; bien différents des Kousas et des autres Cafres, ils n'exercent pas l'hospitalité avec le même désintéressement, et ils ne reçoivent chez eux les étrangers qu'autant qu'ils compteront être indemnisés de l'hospitalité qu'ils accordent.

Leurs connaissances métallurgiques sont très-imparfaites. Ils appellent le fer *tsipi*, et le cuivre *tsipi e kubilu*, c'est-à-dire fer rouge; par le nom de *tsipi e tseka* (fer jaune), ils désignent tout à la fois l'or et le laiton. Quant à l'argent, ils l'appellent *tsipi e chu* ou fer blanc. D'après cette nomenclature, le fer tsipi serait la base des autres métaux; il n'y aurait de différence que dans la coloration. C'était aussi là l'opinion des alchimistes.

L'industrie des Bachapins ne se montre que dans la construction de leurs maisons et dans leur manière de coudre le cuir. Ils ne connaissent pas la tannerie, et c'est à force de frotter, gratter et tendre les peaux, qu'ils les apprêtent. Leurs kobos ou manteaux sont composés quelquefois de soixante à quatre-vingts peaux artistement cousues ensemble; ces peaux proviennent de petits animaux, que les indigènes distinguent par les noms de *inghé*, *kotokwi*, *khaloui* et *nakeeri*; la première espèce est la plus commune. On prend aussi la peau d'une espèce de chat à fourrure tachetée; on le nomme *kakikan*; c'est le *feles nigriper* des naturalistes. Il est à peu près de la taille du chat domestique, de couleur rousse, et entièrement marqué de taches noires plutôt oblongues que rondes; le sommet de la tête est d'une couleur plus foncée que le corps.

Les Bachapins font aussi des pots de terre en argile bien pétrie, mêlée à de la cendre et de l'herbe hachée; mais ils ne savent pas vernir cette poterie faite à la main. Leurs cuillers, qu'ils appellent *lonchoua*, sont taillées en bois dur de *mokaala* ou d'acacia girofle. Ils sculptent sur ces cuillers des arabesques qui ne sont pas dépourvues d'une certaine élégance; ils relèvent ces ornements en noircissant le fond à l'aide d'un fer chaud. On voit quelquefois entre leurs mains des couteaux et d'autres outils dont les manches ont des figures sculptées; c'est l'ouvrage des tribus qui demeurent plus au nord, et qui savent très-bien travailler le fer, indice d'un degré de civilisation plus avancé. L'industrie des Bachapins est, comme on le voit, très-bornée; cependant ils sont laborieux, actifs, et n'ont rien de la paresse et de la nonchalance des Hottentots. Ils seraient donc susceptibles d'apprendre des métiers plus variés et plus difficiles que ceux qu'ils exercent;

mais l'habitude les retient en quelque sorte dans le cercle étroit où ils ont toujours vécu. Cependant il existait de mon temps à Littakou une exception : c'était une espèce de taillandier ou de forgeron dont me parlaient souvent nos Hottentots et dont ils me disaient des merveilles.

J'allai un jour rendre visite à ce forgeron. L'homme à qui nos Hottentots donnaient ce titre avait appris ce qu'il savait de son état chez les Cafres du nord-est, beaucoup plus industrieux que les Bachapins. Quoiqu'il ne fût encore qu'un commençant, qu'un ouvrier très-imparfait, il était néanmoins accablé d'ouvrage ; ses concitoyens lui en donnaient beaucoup plus qu'il n'en pouvait faire, bien qu'il se levât chaque jour avant le soleil et travaillât jusqu'au soir. Son travail consistait, en général, à fabriquer des haches, des doloires, des zagaies, des couteaux, et de petits maillets dont se servent les naturels pour briser les mottes de terre dans les champs ensemencés de grain. Ces différents outils se payaient soit en fer non ouvré, que les naturels obtenaient par voie d'échange des peuplades voisines, soit en blé, en bœufs, en vaches, en chèvres, en tabac, en grains de verre ou de porcelaine, en kobos, en cuir et en peaux crues. Mattivi lui-même ne voulait pas qu'il forgeât pour lui sans le payer du même prix que les simples particuliers; aussi le forgeron devenait avec rapidité de plus en plus riche, et recueillait de tous côtés la juste récompense de son industrie; cependant, et l'on doit s'en étonner, il n'y avait dans toute la ville personne qui songeât à l'imiter, et à embrasser une profession si lucrative.

Lorsque j'arrivai devant ce que j'appellerai sa forge ou son atelier, je trouvai l'industrieux ouvrier qui, comme d'habitude, travaillait avec ardeur; il était assis en dehors de la palissade qui entourait sa maison, près d'un petit mur en terre qui abritait son feu du vent. Ce feu était établi en plein air, sur le sol nu, sans rien qui dût en concentrer la chaleur. Le combustible qui chauffait le fer était du charbon de bois. L'invention la plus ingénieuse était celle de son soufflet; il l'avait confectionné au moyen de deux sacs de cuir faits avec des peaux de chèvres arrachées entières de dessus le corps des animaux à qui elles appartenaient, c'est-à-dire sans avoir été fendues dans la longueur. Dans chacun des cous était solidement attaché un morceau droit de corne d'antilope, faisant l'office de tuyau du soufflet. Ces deux tuyaux étaient posés à plat sur le sol, et fermement retenus à leur place par une grosse pierre placée par-dessus; ils conduisaient le vent à un court tube de terre, dont l'extrémité aboutissait immédiatement au feu. La partie supérieure de chaque sac avait, comme bouche destinée à introduire l'air, une fente large de huit centimètres, qu'il était aisé d'ouvrir et de fermer alternativement en se servant des deux mains. Il suffisait donc de faire jouer tour à tour ces deux ouvertures, pour produire un courant d'air continu qui contraignait un très-petit feu de s'élever à un degré de chaleur capable de faire rougir une hache dans l'espace de deux minutes.

Une pierre pour enclume, une corne pleine d'eau pour refroidir au besoin le métal qu'il travaillait, et deux ou trois marteaux de fer fort légers, tels étaient les seuls ustensiles qu'il employât. Je le vis fabriquer une doloire : il était alors entouré de huit à dix habitants qui le regardaient, mais sans doute plutôt pour passer le temps que par le désir d'apprendre à travailler comme lui. Ma présence ne l'interrompit pas; au contraire, il parut charmé de l'attention avec laquelle je l'examinais, et se piqua de plus d'activité pour me donner en peu d'instants un plus bel échantillon de son savoir-faire. Pour ma part, ce fut avec un indicible plaisir que je contemplai, au milieu d'un peuple qui ne cherche à s'enrichir que par le pillage de ses voisins, un homme dont le seul moyen de fortune était l'exercice d'une honnête industrie.

Je terminerai ces observations générales sur les Cafres et les Bachapins en disant quelques mots du langage de ces peuples et de celui des Hottentots.

Pour tous les indigènes de l'Afrique australe, il ne peut être question que de la langue parlée; car la langue écrite, qui suppose une littérature, n'existe pas chez ces peuples, qui sont encore dans l'enfance de la civilisation. C'est ce qui explique en partie l'embarras qu'ont éprouvé tous les voyageurs pour représenter par des lettres les sons souvent étranges auxquels l'oreille de l'Européen n'est point accoutumée. Si l'on ajoute à cela que les Anglais, les Français, les Hollandais, les Espagnols, les Portugais écrivent ces sons chacun d'une manière différente et conforme à l'orthographe de leur nation, on comprendra les difficultés qu'on rencontrerait à traiter un pareil sujet de linguistique.

L'idiome hottentot tend à s'éteindre ou du moins à se restreindre de jour en jour; car il est parlé par des tribus sur lesquelles l'action civilisatrice des Européens se fait le plus sentir. Déjà les Hottentots du Cap ont, pour la plupart, oublié leur langue primitive : ils parlent une espèce de jargon hollandais, comme les nègres de nos colonies parlent un français appelé *créole*, et que les Français de la métropole auraient de la peine à comprendre. Les Boschesmans, comme nous l'avons vu, parlent des dialectes variés, que les autres indigènes de même race entendent souvent avec difficulté. Les Koras paraissent avoir conservé l'ancien idiome hottentot dans sa pureté primitive.

La langue hottentote se parle du creux de la poitrine, avec rudesse et une sorte d'enrouement; ce qui la caractérise encore, c'est un claquement particulier de la langue, qu'aucun signe phonétique connu ne saurait exprimer. Les Européens le représentent généralement par T', placé au commencement d'un mot ou d'une syllabe; mais ce claquement n'est pas uniforme, et l'on en distingue de trois espèces: le claquement *dental*, le *palatal* et le *guttural*. Ajoutons que cette langue a de fortes aspirations, dans lesquelles on entend prédominer les prolongées et ouvertes, telles que *oo, oou, aàu, ùu*. Il n'y a point d'articles ni de déclinaisons; pour saisir les rapports des substantifs, il faut avoir égard au sens de la phrase, à l'intonation et aux gestes.

On comprend, d'après ce que nous venons de dire, combien cette langue, ou plutôt ce jargon est imparfait, et qu'il est un signe caractéristique de la barbarie du peuple condamné à le parler.

La langue des Cafres diffère complétement de celle des Hottentots; « autant, dit un écrivain anglais (Barrow), que celle-ci diffère de l'anglais. » On n'y remarque plus ces claquements de langue si difficiles à imiter, ni ces aspirations qui écorchent le gosier. La langue des Cafres est pleine et sonore, et fait sur l'oreille d'un Européen presque l'effet de l'italien.

Rarement les mots ont plus de deux syllabes; on accentue la pénultième, et chaque voyelle n'est accompagnée que d'un petit nombre de consonnes. Les diphthongues, si fréquentes dans la langue hottentote et si diversement accentuées par ce peuple, sont étrangères à la langue des Cafres. Ils parlent lentement et d'une manière très-distincte. Ils font des pauses entre les phrases, dont la construction est simple et facile à saisir pour un Européen. Leur déclamation est chantante et rhythmique. Quand ils veulent appuyer sur un mot, ils le répètent plusieurs fois de suite. Ces répétitions sont souvent de véritables fréquentatifs, indiquant que l'action a eu lieu plusieurs fois, ou rapidement, ou avec force.

De tous les idiomes cafres le betjouana ou sichouana (langue des Betjouanas et des Bachapins) est le plus répandu; on en rencontre des traces dans toute l'Afrique australe; elle ne disparaît complétement qu'au nord de l'équateur, et vers la côte occidentale. La prononciation du betjouana est très-harmonieuse. Il y a peu de syllabes terminées par des consonnes; l'abondance des voyelles et des lettres mouillées la rend aussi douce qu'aucune langue d'Europe. Le betjouana ne diffère que légèrement de la langue des Damaras et de celle des Lagoans (habitants de la baie de Lagoa), bien que ces deux peuples soient très-éloignés l'un de l'autre. On peut en dire autant des dialectes des autres tribus cafres, particulièrement des Zoulas, comme nous eûmes bientôt occasion de nous en convaincre.

Pour donner à nos lecteurs une idée de la différence du hottentot et du betjouana, nous allons mettre sous leurs yeux le tableau de quelques mots les plus usités dans les deux langues.

	HOTTENTOT.	BETJOUANA.
Un	Ui.	Mouga.
Deux	T'kammi	Baburi.
Trois	T'kona	Thano.
Quatre	T'kacka.	Inni.
Cinq.	T'gisi	Houtchanou.
Six	T'golo.	Thanno.
Sept.	K'natignia.	Liasjupa.
Huit.	K'ninka.	Arriuni.
Neuf	Tuminkma.	Quahera.
Dix	Gomatsa.	Choumé.
Père	Bo.	Harra.
Mère	Mama.	Ma.
Enfant	T'go.	Nuanjanna.
Soleil	T'koara.	Satzi.
Terre	T'kauguh	Mou.
Ciel.		Huremo.

	HOTTENTOT.	BETJOUANA.
Lune		Kuyla.
Étoiles.		Linari.
Eau	Kamma . . .	Moutzou.
Oui	Io.	I.
Non	Aa	Nia.

CHAPITRE XIV

Projet de retour au Cap. — Mollemmi veut nous accompagner. — Itinéraire de Littakou à Port-Natal. — Pays des Zoulas. — Embarquement à Port-Natal. — Arrivée au Cap. — Baptême de Mollemmi. — Départ de Joseph pour la France. — Lettres sur un essai de mission catholique en Cafrerie.

Quelques jours avant notre départ de Littakou pour retourner au Cap, Joseph Duplessis m'annonça une nouvelle à laquelle j'étais bien loin de m'attendre. Son ami Mollemmi avait formé le projet de nous accompagner. Le roi son frère approuvait ce projet, que Mollemmi lui avait présenté comme un moyen de tirer un grand profit des dents d'éléphants qu'ils avaient en ce moment en leur possession, en les vendant directement aux Européens, sans passer par l'intermédiaire des Hottentots de Klaarwater; pour cela il chargerait un chariot ou deux d'ivoire et de quelques autres marchandises du pays recherchées au Cap, et il partirait avec nous, si toutefois j'y consentais.

« Tel est, ajouta Joseph, le motif qu'il a présenté à son frère; mais le véritable, celui qui lui tient le plus au cœur, c'est d'achever de s'instruire dans la religion chrétienne, et de recevoir le baptême. Je vous laisse à penser si je l'ai encouragé dans cette résolution; aussi me suis-je fait fort d'obtenir facilement votre consentement, quand vous connaîtriez ses véritables intentions. »

Je m'empressai, comme on le pense bien, d'acquiescer à une telle demande, et nous nous hâtâmes de faire nos préparatifs de départ. Comme il y avait plus d'un an que nous étions partis du Cap, nous décidâmes que nous y retournerions par un chemin beaucoup plus court et moins pénible que celui par lequel nous étions venus. Nous résolûmes donc de gagner la côte de Natal, qui n'est pas très-éloignée de Littakou, et là nous nous embarquerions sur le premier navire qui ferait voile pour Capetown. Je congédiai Muchunka, dont l'engagement était terminé et qui d'ailleurs nous devenait inutile, car Joseph savait assez bien le betjouana pour que nous n'eussions plus besoin d'interprète, et Mollemmi avait de son côté assez appris de hollandais pour le seconder au besoin. Nos Hottentots, heureux de retourner dans leur pays, mirent tant d'empressement dans leurs travaux, que tout fut prêt au jour et à l'heure fixés.

Mollemmi emmenait avec lui deux chariots, quatre attelages complets (deux de rechange), et un nombre suffisant de serviteurs pour conduire ses bestiaux. De notre côté, notre chariot était chargé d'une bonne provision d'ivoire. En faisant mes adieux à Mattivi, je lui laissai deux fusils, ne croyant pas payer trop cher l'hospitalité que j'en avais reçue, et la quantité considérable de dents d'éléphants qu'il m'avait données.

Nous nous dirigeâmes en ligne droite à l'est, et, après avoir franchi une grande chaîne de montagnes, nous arrivâmes, quinze jours après notre départ, dans le pays des Zoulas. Cette nation de race cafre s'est rendue dans ces derniers temps fort redoutable à la colonie du cap de Bonne-Espérance. Chaka, l'un de ses chefs, et son successeur Dingaan, qui règne actuellement (1849), ont déployé dans l'organisation de leurs lois et dans leur gouvernement une persévérance et une adresse que les Européens n'étaient pas habitués à rencontrer chez des sauvages. Ils sont parvenus, tantôt par la séduction, tantôt par la force, à soumettre à leur puissance un grand nombre d'autres tribus cafres, et à réaliser en grande partie ce que partout les colons ont le plus à redouter, une alliance offensive et défensive des indigènes entre eux. C'est particulièrement aux environs de Port-Natal que les Zoulas ont signalé leur présence par des actes de déprédation et de cruauté qui ont mis plus d'une fois la colonie naissante de Natal à deux doigts de sa perte.

Les Zoulas habitent au nord-ouest de la nouvelle colonie de Port-Natal. Cette contrée peut être considérée comme un camp permanent; tous les individus mâles sont soldats et divisés en trois ordres : les *umpagatis* ou vétérans, les *isimporthlos* ou jeunes guerriers, et les *amaboutos* ou conscrits.

La royauté est héréditaire dans la ligne masculine directe. Un frère encore vivant de Dingaan est l'héritier présomptif. Il n'y a pas de souverain plus absolu et plus despote que le roi des Zoulas.

Nous traversâmes ce pays sans avoir éprouvé ni embarras ni difficulté, et, arrivés à Port-Natal, nous trouvâmes plusieurs navires en partance pour le Cap. Nous prîmes celui qui mettait le plus tôt à la voile, et, après y avoir chargé nos chariots, notre bétail et nos bagages, nous nous y embarquâmes nous-mêmes, et huit jours après nous arrivions au Cap.

Je n'ai pas besoin de dire quel accueil nous reçûmes du père Van der Brooken, et de la famille Duplessis, qui, étant prévenue de notre arrivée, nous attendait sur le port.

En voyant Mollemmi que Joseph lui présenta, et en apprenant les motifs du voyage du prince bachapin au Cap, le bon père Van der Brooken ne put retenir des larmes de joie. Il embrassa son filleul et le néophyte, puis il voulut les conduire ainsi que moi auprès du vicaire apostolique. Monseigneur félicita Joseph de son début dans l'apprentissage du métier de missionnaire, il le nomma catéchiste, « en attendant, dit-il, qu'il pût lui conférer les premiers ordres sacrés; » puis il me remercia aussi de ce que j'avais fait pour leur protégé.

Quelque temps après notre retour, le père Van der Brooken me dit qu'il était très-content des dispositions de Mollemmi, et qu'il allait lui conférer le sacrement de baptême, m'invitant à assister à la cérémonie, et même à être le parrain. Je déclinai cet honneur, qui appartenait de droit à Joseph.

« C'était bien aussi ma pensée, me dit-il; mais le cher enfant, par modestie, ne voulait pas l'accepter, et il prétendait que c'était à vous que cela devait être réservé. »

Je n'eus pas de peine à faire comprendre que je n'y avais aucun titre, et Joseph fut définitivement choisi pour parrain.

Huit jours après le baptême de Mollemmi, Joseph Duplessis s'embarquait pour la France, et, à l'heure qu'il est, il fait ses études au séminaire des Irlandais à Paris. Pour moi, je ne sais pas quand je retournerai en Europe, ayant encore à parcourir l'île de Madagascar, et les autres îles d'Afrique de la mer des Indes.

Pour donner une idée des difficultés qui attendent Joseph Duplessis et nos missionnaires dans le pays des Cafres, je vais mettre sous les yeux de mes lecteurs deux lettres écrites, l'une par le vicaire apostolique de Natal, et l'autre par un missionnaire de sa congrégation. Elles serviront aussi de complément à ce que j'ai dit des mœurs des Cafres, et l'on y verra combien d'obstacles nos intrépides soldats de la foi ont à combattre; mais ayons confiance, ils en triompheront, et par eux seront éclairés et civilisés ces peuples; car l'agent le plus puissant, le plus actif de la civilisation, est la religion chrétienne.

LETTRE

DE

MONSEIGNEUR L'ÉVÈQUE DE SAMARIE

VICAIRE APOSTOLIQUE DE NATAL.

« En fait de religion, dit Mgr l'évêque de Samarie, dans une lettre adressée par ce prélat aux membres des Conseils centraux de la propagation de la Foi (28 février 1857), les Cafres n'ont qu'une idée vague de la Divinité, et ne lui rendent aucun hommage bien défini; mais si l'on ne trouve pas chez eux des idoles à renverser, on a à réformer des mœurs toutes païennes, on a surtout à vaincre cette indifférence avec laquelle ils considèrent le christianisme.

« Quoique ces infidèles soient encore à l'état sauvage, on peut dire qu'ils sont riches et qu'ils vivent dans l'abondance. Leurs richesses consistent en de nombreux troupeaux, sans parler du sol, qui prodigue ses moissons au plus léger travail. Le bétail qu'ils élèvent est pour eux la source d'un ignoble trafic. Le Cafre qui veut se marier est obligé de donner un certain nombre de vaches aux parents de sa future épouse. Ce nombre varie suivant le mérite de la personne recherchée; il va quelquefois jusqu'à quarante. En retour, toutes les filles qui naissent de ces unions sont fiancées plus tard aux mêmes conditions que leur mère, ce qui remplit les étables du père dans la même proportion que sa famille diminue.

« Aux femmes est dévolu tout le labeur des champs et le soin du ménage. Le mari, à proprement parler, est le grand consommateur du fruit de ce travail. Une seule femme ne suffirait pas à le faire vivre dans l'abondance; c'est pourquoi celui-ci cherche à multiplier le nombre de ses épouses. Lorsqu'il a atteint cet état de prospérité qui fait l'objet de son ambition, il ne pense plus qu'à jouir de ses biens, et il occupe un rang honorable parmi ceux de sa tribu. On voit donc que détruire chez eux la polygamie, c'est renverser toute l'économie domestique des Cafres, c'est vouloir leur enlever ce qui, à leurs yeux, est la source de leur richesse et de leur grandeur.

« A cette difficulté s'en joint une autre qui tient au naturel des indigènes. Ces sauvages sont fiers et orgueilleux ; ils se montrent aussi peu avides de connaître nos croyances et d'emprunter aux blancs leur manière de vivre, que de leur communiquer leurs pratiques et leurs pensées ; cependant ils ne voient pas de mauvais œil que les ministres protestants fondent des stations dans leurs tribus ; mais c'est uniquement pour des motifs temporels, parce qu'ils espèrent trouver dans ces établissements de nouveaux moyens d'accroître leur fortune, et une protection de plus contre la jalousie des peuplades voisines. D'ailleurs ils comprennent que les Européens sont leurs maîtres, et qu'il faut leur faire quelques concessions. « Nous accordons trois choses aux « blancs, disent-ils ; nous consentons à nous en-« gager à leur service, à leur payer la taxe, et « enfin à assister chaque dimanche au service « religieux ; mais, pour changer nos usages,

« qu'on n'en parle pas!... » Les vérités chrétiennes que les protestants leur expliquent, ils ne les croient pas; ils paraissent les recevoir comme dans notre enfance nous écoutons les fables du paganisme : toujours est-il qu'ils ne les reconnaissent nullement comme règle de leur conduite. Ils ne peuvent pas non plus souffrir qu'on exerce aucune influence sur l'éducation religieuse de leurs enfants; et, à moins que le gouvernement n'intervienne, ils ne consentiront pas à les mettre dans une école, quels que soient les avantages qu'on pourra leur offrir (1). »

Ce fut sous des auspices aussi peu favorables que les pères Gérard et Barret, missionnaires de la même congrégation, furent envoyés par leur évêque fonder une mission chez une peuplade où l'hérésie ne s'était pas encore installée. Écoutons le récit de ces jeunes et braves apôtres.

« Nous partîmes, raconte le révérend père Gérard, en compagnie d'un Cafre qui nous servait de guide. Assaillis dès le premier jour par

(1) *Annales de la propagation de la Foi*, t. XXX.

un orage, au milieu d'une vaste plaine presque inhabitée, nous fûmes obligés de dévier de notre route pour aller chercher un asile dans une hutte que nous avions aperçue de loin. Nous y arrivâmes bien mouillés, mais très-heureux de trouver ce gîte, et surtout de pouvoir sécher nos habits et passer une nuit tranquille. Notre hôte n'était pas riche, mais son accueil fut cordial; il donna généreusement le peu qu'il avait; il envoya même un petit garçon, malgré la pluie, traire pour nous une vache de son troupeau. Nous eûmes la satisfaction d'assister au repas de famille. Le père commença par tirer d'un grand pot du lait aigre, mêlé avec du maïs broyé contre la pierre. Après avoir rassasié son appétit de ce mets grossier, il fit signe à ses enfants de s'approcher; chacun se présenta à son tour en tendant les deux mains, et le père versa à chacun une grosse cuillerée du plat commun; la mère vint en dernier lieu et s'empara du reste. L'heure du sommeil venue, nous prîmes notre repos sur une natte, enveloppés dans une couverture de laine. Avec une semblable couche, on n'est jamais tenté de faire le paresseux pour se lever le matin. Nous partîmes donc de bonne heure, et bientôt nous arrivâmes à un ruisseau grossi par les pluies, que nous pûmes néanmoins traverser, ayant de l'eau jusqu'à la ceinture. Les Cafres que nous rencontrâmes de distance en distance se montrèrent très-bienveillants, et nous donnèrent volontiers à manger.

« Le troisième jour, nous voilà en face d'une rivière très-rapide et très-profonde, appelée Umkomali : comment passer à l'autre rive? Il n'y avait, bien entendu, ni pont ni barque. Il fallut user d'un moyen de navigation tout primitif, employé ordinairement par les Cafres en pareille circonstance. Ils font une espèce de fagot ou de gerbe avec des roseaux fortement liés ensemble. Lorsque quelqu'un veut franchir la rivière par ce moyen, on met la gerbe à l'eau, le passager se place à cheval sur ce fagot qu'il serre entre ses jambes, et se couche en avant, en ayant grand soin de conserver l'équilibre. La partie supérieure du corps surnage ainsi, du moins la tête ; c'est autant qu'il en faut pour ne pas être asphyxié ; alors un Cafre habitué à cet exercice et que l'on nomme *zimanga*, c'est-à-dire nageur, se met à l'arrière de l'esquif, le pousse d'une main et nage de l'autre et des pieds. Quelquefois il y a deux ou trois nageurs pour diriger plus sûrement l'embarcation.

« Je passai le premier, et j'arrivai sans accident sur l'autre rive. Le père Barret avait suivi des yeux et avec anxiété ma périlleuse traversée; il eut quelque peine ensuite à se décider à en faire autant. Cependant il fallait bien me rejoindre : il prit son parti en brave; mais, soit hésitation, soit que le fagot déjà trempé fût moins léger et moins docile, à peine avait-on avancé de quelques pas, que l'embarcation chavira. Le pauvre père, qui se trouvait par-dessous, ne lâcha pas prise, bien entendu. On le ramena vite à bord, peu encouragé à faire une nouvelle tentative. Il consentit une seconde fois à s'abandonner entre les mains de la Providence, et arriva sain et sauf. Mais, dans son naufrage, il avait perdu notre moulin à maïs; un Cafre se mit à plonger, et, après bien des efforts, parvint à le retrouver. Vers le soir, nous arrivâmes à un grand kraal; il y avait une trentaine de huttes disposées en cercle et formant dans le milieu un vaste enclos, qui pouvait contenir trois cents vaches. Nous fûmes très-bien reçus; notre hôte était riche, il avait le maïs, les courges et le lait en abondance;

mais c'est en vain qu'on chercherait ici du pain, du vin, des légumes, du sel, du poivre : les mets n'ont d'autre assaisonnement que l'appétit.

« Le lendemain, de bonne heure, nous nous remîmes en chemin. Après avoir franchi une haute montagne, nous nous trouvâmes dans un pays à peu près désert, au milieu de forêts immenses, que les hommes ne se hasardent pas à disputer à la prodigieuse quantité de tigres, de lions, de loups et de sangliers qui les habitent. Ce sont là de mauvais voisins : les uns dévorent les troupeaux, et le sanglier ravage les champs de maïs. Notre marche à travers ces forêts était assez pénible; notre guide marchait quelques pas en avant pour nous frayer la route. Tout à coup nous l'entendons causer avec un oiseau qui faisait grand bruit de ses ailes et de son ramage; le Cafre semblait l'escorter en lui parlant. »

« C'est l'oiseau du miel, nous cria-t-il.

« — L'oiseau du miel?

« — Oui, hommes blancs; cet oiseau veut nous
« conduire à un endroit où il y a du miel; nous
« savons cela, nous autres enfants du désert. »

« En même temps il pose son paquet, nous dit de l'attendre, et se met à suivre l'oiseau qui continue son gazouillement, voltige à quelque distance, puis revient au-devant du sauvage, comme pour l'inviter à le suivre. Il le conduisit assez loin; mais une roche escarpée s'étant rencontrée, il fallut quitter la partie. Cependant, le lendemain, un autre oiseau de la même espèce appela encore notre guide, qui cette fois fut plus heureux; car il nous rapporta une grande quantité de miel sauvage, presque aussi doux que celui de France. Qui n'admirerait la Providence qui a donné au pauvre Cafre, inhabile à soigner une ruche, un moyen si facile de se procurer du miel et à peu de frais?

« Notre voyage s'acheva sans autre aventure. Nous voici arrivés au grand kraal du chef Dumisa, dans la tribu duquel nous voulions nous fixer. Nous entrons sans cérémonie dans la hutte qu'il habite. Il était à boire une espèce de liqueur fermentée (que notre missionnaire appelle de la bière), avec une vingtaine de jeunes gens, assis en cercle et se faisant passer les pots les uns aux autres. A notre aspect, il y eut un moment de silence, causé par l'étonnement de voir deux hommes blancs au milieu de leurs forêts; ils nous saluèrent tous à leur tour: *Sani bona abalunga!*

c'est-à-dire : « Nous vous voyons, hommes blancs! » Un d'eux nous demanda, en assez bon anglais, ce que nous cherchions. Nous lui répondîmes en cafre que nous étions les envoyés de Dieu; que nous ne venions chercher ni or, ni argent; mais que notre mission était d'enseigner aux hommes les choses de Dieu pour les rendre bons.

« Dumisa nous reçut très-bien; il nous donna une hutte et nous y fit porter toute sorte de provisions. Nous fûmes bientôt l'objet de la curiosité de tout le quartier; les hommes, les femmes, les enfants, tous accoururent pour voir les hommes blancs. Lorsque nous récitâmes notre bréviaire, tous gardèrent un profond silence; après je leur montrai une image de saint Joseph tenant l'enfant Jésus. Ce fut un cri général d'admiration à la vue de deux figures humaines sur du papier! Une femme s'écria :

« Ah! je suis vieille et je puis mourir, main« tenant que j'ai vu une chose pareille! »

« Notre crucifix pendu à la ceinture fut aussi l'objet d'une grande stupéfaction. Le chef nous avait fait présent d'une chèvre, nous la fîmes tuer pour régaler tout le voisinage.

« Nous avons commencé immédiatement l'établissement d'une chapelle. Je dois vous dire que je suis maçon, architecte, charpentier et même manœuvre; car il faut, avec un seul Cafre qui nous aide, utiliser nos bras et notre petite industrie. J'ai reconstruit deux fois à neuf notre maison; la seconde est assez élégante, mais aussi très-modeste. C'est une petite rotonde de deux mètres soixante-six centimètres de diamètre, et de trois mètres de hauteur. Pour la construire, j'enfonce des pieux en terre de distance en distance, je laisse un endroit vide pour la porte, un autre pour la fenêtre, et dans tout le reste j'entrelace des joncs. Le toit se fait avec une espèce d'herbe très-longue, commune dans le pays. Si une pluie trop forte vient à percer le chaume, j'ouvre mon parapluie au-dessus de mon lit, j'ajuste sur ce qu'il ne couvre pas une peau de chèvre en plan incliné, et je m'endors tranquille. Je suis très-riche, puisque je n'ai rien à désirer.

« Ce fut au commencement de septembre 1855 que nous ouvrîmes pour la première fois notre oratoire. L'assistance était très-nombreuse. Il serait bien difficile de dépeindre l'effet que produisait cette réunion de figures noires. Ils regardaient avec avidité les ornements sacerdotaux, les images suspendues contre les poutres : tout les jetait dans le ravissement. Notre pauvre chapelle, à leurs yeux, était plus magnifique qu'une cathédrale. Nous chantâmes le *Veni Creator*; les sauvages unirent leurs voix aux nôtres par un bourdonnement assez agréable; nous entonnâmes aussi le *Sub tuum* pour recommander notre œuvre à Marie-Immaculée. Les Cafres sont nés musiciens; ils sont passionnés pour le chant; on les entend pendant de longues soirées répétant une petite chanson de trois ou quatre mots qu'ils redisent sur tous les tons. Nous avons mis à profit ce talent pour leur instruction religieuse; nous leur avons appris des cantiques en langue cafre, que nous avons composés sur des airs français. Le chant des litanies est aussi beaucoup de leur goût...

« Cependant, quoique évangélisés, ils ne sont pas encore convertis. Ils ont une âme à sauver, mais c'est à peine s'ils y croient. Pour Dieu, leur créateur et leur souverain juge, c'est à peine s'ils songent à lui; cette pensée les gênerait. Aussi l'immoralité est très-grande parmi ces noirs; ils vivent et ils meurent comme leurs bêtes. S'ils deviennent chrétiens, ils seront aussi bons qu'ils sont maintenant corrompus; car ils ont beaucoup de bon sens, ils n'entreprennent rien sans une longue délibération, et lorsque la lumière aura brillé à leurs yeux, ils la suivront avec générosité; mais c'est un miracle que Dieu seul peut opérer par sa grâce... (1) »

A dater de ce jour, les exercices religieux se continuèrent sans trouble, mais aussi sans conversion. Huit mois après que la mission était ouverte, survint un événement qui dispersa tous les Cafres qui la fréquentaient. Le terrain occupé par la tribu dans laquelle était située la mission fut revendiqué par le chef d'une peuplade voisine qui prétendait y avoir des droits. Il s'avança à la tête d'une armée de trois cents hommes pour faire valoir ses prétentions, sommant les sauvages qui habitaient la vallée de quitter la place, et les menaçant, s'ils refusaient, de lancer contre eux sa petite armée. Les Cafres de la mission, n'étant pas en force pour résister, se soumirent, et transférèrent leurs habitations à deux journées de là.

(1) *Annales de la propagation de la Foi*, t. XXIX.

Cependant ce chef n'avait aucune intention de molester personnellement les missionnaires; il leur permit même de continuer leur séjour dans cette vallée, en attendant qu'elle fût occupée par d'autres Cafres; mais comme les nouveaux venus pouvaient être chassés à leur tour, Mᵍʳ Allard ne crut pas prudent d'exposer la mission à cette chance. Il rappela ses missionnaires, attendant, pour continuer l'apostolat chez les Cafres, qu'il eût trouvé un poste plus convenable pour y établir une nouvelle mission.

FIN

TABLE

CHAPITRE I

Arrivée en vue du cap de Bonne-Espérance. — Aspect des montagnes de la Table et du Lion. — Un ouragan à l'entrée de la baie. — Débarquement. — Aspect de la ville du Cap. — Description générale de cette ville, maisons, rues, places, monuments publics, etc. — Population. — Péninsule du Cap. — Climat, saisons, température. 4

CHAPITRE II

Division territoriale de la colonie. — Mon séjour dans la ville du Cap. — Le R. P. Van der Brooken. — Ascension à la montagne de la Table. — Variété dans la population des habitants du Cap. — Jardin du palais du gouverneur. — La promenade du dimanche. — Une course de chevaux au Cap. — Un concert. 19

CHAPITRE III

Promenade dans les environs de la ville. — Végétation; *Plaines du Cap*. — Excursion à Fransche-Hoek. — Rencontre d'une famille d'origine française. — Description de la vallée de Fransche-Hoek. — Hospitalité chez un fermier. — Une famille d'anciens protestants redevenue catholique. — Le jeune Joseph Duplessis.   44

CHAPITRE IV

La famille Duplessis. — Comment s'était opérée sa conversion. — Ignorance et préjugé des boërs ou fermiers hollandais en matière de religion. — Origine, progrès et état actuel des missions catholiques dans la colonie du cap de Bonne-Espérance et dans l'Afrique australe. — Projets de Joseph Duplessis.   67

CHAPITRE V

Préparatifs de départ. — Difficulté d'engager des domestiques hottentots. — Mon premier domestique Philip Willems. — Principaux objets qui composaient mes caisses de voyage. — Visite du père Van der Brooken. — Je trouve un compagnon de voyage et un nombre convenable de serviteurs. — *Tout chemin mène à Rome.* — Les projets de Joseph Duplessis. — Recrutement d'un nouveau domestique. — Composition définitive de notre caravane. — Tremblement de terre au Cap. — Détails sur ce phénomène. — Description de notre chariot de voyage. — Départ de la ville du Cap.   93

CHAPITRE VI

Première halte. — Aspect d'un campement de Hottentots. — Station à Olyvenhout-Bosch. — Passage du Groote-Berg-Rivier. — Passage du Rosdezand's-Kloof. — Une ferme hollandaise. — Les instituteurs nomades. — La vallée de Roodezand. — Arrivée à Tulbagh. — Séjour. — La maison du ministre anglican. — Visite au landdrost de Tulbagh. — Départ de cette ville. — Arrivée à la ferme de Piat-Hugo. — Usage des fermiers à l'égard des domestiques hottentots. — Passage de l'Hex-Rivier-Kloof. — Arrivée à Buffels-Kraal; puis à la ferme de Pieter-Jacobs. 113

CHAPITRE VII

Séjour à Pieter-Jacobs. — L'autruche. — Paresse de nos Hottentots. — Punition que je leur inflige. — Départ de Pieter-Jacobs. — Défilé du Karro-Poort. — Le Grand-Karro. — Le Roggeveld-Karro. — Une halte de Hottentots. — Rencontre de Makke-Boschesmans. — Bœufs dressés à servir de monture. — Jeu du Kaartipel. 137

CHAPITRE VIII

Le veld-cornet Gerrit-Swyman et son habitation. — Passage des derniers défilés du Roggeveld. — Sortie des limites de la colonie. — Réunion avec une caravane de Hottentots de Klaarwater. — Rencontre de quelques Cafres. — Traversée du Nieuweld. — Embarras du chasseur Speelman pour se servir d'un fusil à piston. — Sa chasse heureuse avec un fusil à pierre. — Les œufs d'autruche. — Campement sur les bords du Zak. — De nouvelles familles hottentotes se joignent à notre caravane. — Voyage à travers le pays des Boschesmans. — Rencontre de plusieurs individus de cette race. — Origine, mœurs et usages des Boschesmans. 159

CHAPITRE IX

Le désert de Karreebergen. — Zand-Valley. — Un orage d'Afrique. — Arrivée sur les bords du Gariep. — Description de cette rivière. — Passage du Gariep. — Aspect de la contrée au nord de cette rivière. — Un kraal hottentot. — Genre de vie des Hottentots indépendants. — Le village de Kloof. — Séjour. — Itinéraire du

Kloof à Klaarwater. — L'*aardrarck* ou mangeur de fourmis. — Rencontre d'indigènes de la tribu des Koras ou Korannas. — Détails sur ce peuple. 185

CHAPITRE X

Klaarwater. — Désappointement. — Speelman et la source de l'Élan. — Origine de la tribu hottentote de Klaarwater. — Les deux chefs ou capitaines Adam Kok et Berend-Berends. — Leur autorité. — Commerce, agriculture, manière de vivre des habitants. — Excursion sur les bords du Gariep. — Les serpents cracheurs. — Voyage en caravane sur les bords du Gariep. — Costume des femmes hottentotes. — Costume des hommes. — Campement près du Gariep. — Aspect du camp. — Visite de Boschesmans. — Hippopotame tué par Adam Kok. — Festin des Hottentots. 209

CHAPITRE XI

Visite à la cataracte du roi Georges. — Description de cette cataracte. — Retour à Klaarwater. — Itinéraire de Klaarwater à Littakou. — L'interprète Muchunka. — Les deux vieilles Betjouanas. — Visite de quelques Bachapins. — Leur surprise en nous entendant lire des mots de leur langue dans nos albums. — Arrivée à Littakou. — Présentation au chef et aux principaux personnages ou *kosies*. — Réception. — Visite des femmes. — Nous nous installons dans l'enclos royal. 233

CHAPITRE XII

Le cadeau du roi. — Invitation à dîner. — Le conseil. — La lentille de verre. — Le roi dîne avec nous. — Présents que je lui offre. — Il m'achète un fusil. — Une chasse dans les environs de la ville. — Expédition pour une grande chasse aux éléphants. — Divers incidents de cette chasse. — Manière ordinaire des Bachapins pour chasser l'éléphant et le lion. — Retour à Littakou. 261

CHAPITRE XIII

Description de la ville de Littakou. — Constitution physique, mœurs, usages, qualités physiques et morales, nourriture, etc. etc., des Cafres en général et des Bachapins en particulier. — Industrie bornée des Bachapins. — Le forgeron de Littakou. 293

CHAPITRE XIV

Projet de retour au Cap. — Mollemmi veut nous accompagner. — Itinéraire de Littakou à Port-Natal. — Pays des Zoulas. — Embarquement à Port-Natal. — Arrivée au Cap. — Baptême de Mollemmi. — Départ de Joseph pour la France. — Lettres sur un essai de mission catholique en Cafrerie. 321

Tours. — Impr. MAME.

www.ingramcontent.com/pod-product-compliance
Lightning Source LLC
Chambersburg PA
CBHW050307170426
43202CB00011B/1809